世界で最もイノベーティブな組織の作り方

山口周

光文社新書

「生きる意味」を与えてくれた三人の子供たちと、いつも彼らに迸るような愛情を注いでくれる最愛の妻へ

目次

第一章　日本人はイノベーティブか？……11

イノベーションにまつわる誤解　11
日本人はイノベーションに不向き？／自然科学に強い日本／『羅生門』の世界的評価／クレヨンしんちゃん、スペインを席巻する／長編文学は日本から生まれた／印象派にインパクトを与えた浮世絵／建築・工学分野の創造性

「組織」が「個人」をダメにする　29
問題は「個人の創造性」ではなく「組織の創造性」／西堀栄三郎の鋭い指摘／個人の創

造性を引き出す組織／本書の構成

第二章　イノベーションは「新参者」から生まれる……………36

人材の多様性　36
なぜビートルズはリバプールから出現したのか？／なぜルネサンスはフィレンツェから始まったのか？／先端科学も「異種混合」がカギに／地質学者ダーウィン／恐竜絶滅の理由／高度経済成長期と日本のイノベーション／流動性の低い日本／本当の「多様性」とは？／上下間の風通し／大韓航空801便の悲劇／事故を起こし続けた大韓航空機／航空機事故はなぜ起こるか？／コクピット＝最も小さな組織／副操縦士より機長のほうが事故率が高い理由／権力格差指標＝「上司に反対しにくい度合い」／権力格差の大きな国・日本

自ら動け！　74
映画『ジョーズ』とリーダーシップ／映画『ゴジラ』とリーダーシップ／権力格差とイノベーション競争力／「見晴らしの悪い」現在の人口構造／シニアに「王様は裸」と言

えるか／「組織風土」を変えるしかない／なぜスペースシャトルは落ち続けるのか？／官僚的組織・NASA／聞き耳のリーダーシップ／アメとムチの有効性／「予告された報酬」は効かない／セキュアベース／なぜ大企業のネットビジネスは失敗するのか？／好奇心の強さ／アムンセンとスコット／慌てものの誤謬／スポンサーや支持者の意向などおかまいなし／好奇心駆動型のアントレプレナーに敗れる課題優先型エリート／動機と仕事のフィットが大事

第三章　イノベーションの「目利き」……………… 129

ネットワーク密度の高さ　129
蓄音機のビジネスチャンス／「電話機なんて売れません」／「映画に音は必要ない」／ポイントは「多人数で目利きする」／「拾う神」を探せ／窓を開き、外を眺めよう／なめらかな境界線＝オープンイノベーション／密度がもたらす副次的効果／仕組みでは意味がない／「働き者」だけの組織は低効率／「規律」と「遊び」のバランス／用途市場は明確化できない／「戦争の終結」という用途市場／野放図な開発投資はダメだが……／求められる「野生の思考」／アポロ計画は医学に影響を与えた

非線形で柔軟なプロセス　167

消費者はイノベーションを見抜けない／七転八倒が当たり前／大河内賞の事例研究／コンセンサスを重視する日本企業／ケネディの手痛いデビュー戦／ＣＩＡが繰り返した主張／一枚のメモ／「専門用語」という武器／ホントに「ザ・ベスト・アンド・ザ・ブライテスト」？／ケネディの学習能力／ケネディの最終決断／優れたリーダーは「決め方を決める」／同じメンバーでも「決め方」は変わる／いつまで待つか？／なかなか普及しなかった壊血病対策／最も非効率で打ちにくいキーボード／普及スピードを左右する五つの要素／杓子定規なルールは危険／リーダーの存在意義／「意思決定2.0」は可能か？／論理思考が通用しないケース／コンドルセの定理／コンドルセの定理、六つの前提／「専門家」の予測は「あみだくじ」レベル／熟議は無意味／日本企業における「集合的意思決定」／「時代遅れの専門家」

第四章

イノベーションを起こせるリーダー、起こせないリーダー……235

リーダーシップのパターンを知る　235

リーダーシップと「フォーチュン500」／最適なリーダーシップは文脈で決まる／乱世の首相・チャーチル／六つのリーダーシップスタイル／イノベーションを起こすリーダー／「その先」を示すのがリーダーの仕事

共感を得るビジョンを打ち出せ　247

「青年の主張」のようなビジョンは……／喚起力のある「Ｗｈｅｒｅ」を提示する／マイケル・ジョーダンのモチベーション／共感できる「Ｗｈｙ」を示す／納得できる「Ｈｏｗ」を具体化する／よいビジョン四つの例

第五章　イノベーティブな組織の作り方……267

人材採用／育成／配置　268
人材採用／人材育成／人材配置
評価／報酬システム　279
評価システム／報酬システム
意思決定プロセス　282
撤退基準／コンセンサス／新しい意思決定モデル／ノイズ
価値観　287
多様性の尊重

リーダーシップ 289
聞き耳のリーダーシップ／サーバント・リーダーシップ／ビジョンの提示
おわりに 293
推薦図書 297

図版作成／デザイン・プレイス・デマンド
イラストレーション／飯箸　薫

第一章　日本人はイノベーティブか？

野蛮であるということは、すぐれたものを認めないということではないか。

エッカーマン『ゲーテとの対話』

イノベーションにまつわる誤解

＊日本人はイノベーションに不向き？

日本企業におけるイノベーションの促進について議論すると、常につきまとう「ある誤解」がいつも議論を混乱させることになります。この誤解をそのままにしておいては、いくら論考を積み重ねてもおそらくまったく噛み合わないだろうと思いますので、まずはこの「ある誤解」を解消することから本書の考察をスタートすることにします。

その誤解とは「日本人には創造性がないので、そもそもイノベーションには向いていない」というものです。

筆者が勤務しているヘイグループにも、昨今では組織開発あるいは人材開発の側面からイノベーションを推進したいというご相談が寄せられるようになっています。ところが、このようなご相談をいただいたクライアントのご担当者にお会いすると、多くの方が「日本人には創造性がない」という前提をもとに、特に「人材の創造性開発」に焦点を当てたプロジェクトを検討されていることが本当に多いのです。

たしかに、過去の歴史をひもとくまでもなく、個人の創造性が、イノベーションの主要な推進力であることは、論をまちません。したがって、もし日本人の創造性が世界的に見て劣っているということであれば、組織開発の焦点は「人材の創造性開発」という点に当てられるべきです。しかし、ここであらためて考えてほしいのです。

本当に「日本人には創造性はない」のでしょうか?

この20年を振り返れば、日本から世界を席巻《せっけん》するようなサービスや商品があまり生み出されなかったという指摘もあるでしょう。だからそのように考えてしまうのも無理のないことかもしれません。しかし、僕自身はこの前提をスタート地点として「イノベーティブな組織を作る」ことを考えてしまうと、完全にポイントを外してしまうだろうと考えています。なぜなら、日本企業からイノベーションが生まれない本質的な理由は、「個人の創造性」の問題ではなく「組織の創造性」の問題だと考えているからです。

むしろ、個人の創造性は世界的に見てトップレベルにあると言っていい。

いくつか例を挙げてみましょう。

＊自然科学に強い日本

日本人の創造性が高いレベルで発揮されている領域のひとつに、自然科学分野があります。これはあまり知られていないことですが、この分野で日本人は世界的にトップランナーのポジションにあると言っていい。たとえば、自然科学分野において最高の栄誉と考えられているノーベル賞（物理学、化学、医学生理学）の受賞数を見てみると、１９４５年から２０１２年までの日本人の受賞数はアメリカ、イギリス、ドイツに次いで4位の位置にあります。この期間をさらに２００１年以降、つまり21世紀に絞れば順位はさらに上がってアメリカに次ぐ2位に上昇します。日本史上最高のメダル獲得数に沸いた２０１２年のロンドンオリンピックは記憶に新しいですが、このときの日本人のメダル獲得数が参加国中11位だったことを考えれば、日本人によるノーベル賞の受賞数がいかにすごいことなのかおわかりいただけるのではないでしょうか。

*『羅生門』の世界的評価

では、芸術文化の領域についてはどうでしょうか？　この分野においても日本人の創造性は「突出している」と言っていい。たとえば、映画分野における最高の栄誉だと考えられているヴェネチア国際映画祭の50周年記念祭において、黒澤明監督の『羅生門』が、過去のグランプリ作品中の最高作品、つまり「グランプリ・オブ・グランプリ」に選ばれています。

余談ですが、この受賞に関しては「日本人の悪い癖」を感じさせるエピソードがあって非常に興味深い。

『羅生門』が公開された翌年の1951年、ヴェネチア国際映画祭の事務局は、「そろそろ東洋からの出品作品もほしいよな」と考え、当時日本に在住していたジュリアーナ・ストラミジョリ女史に日本映画の選出を依頼しました。彼女は何十本という日本映画を観たうえで、最終的に『羅生門』を出品作品にしようと思い、製作会社である大映に出品を打診します。

しかし、これを当の大映は断ってしまいます。

どうして？　当時の大映にとって『羅生門』という作品はタブーだったようなのです。

企画段階からこの映画の製作に懐疑的だった当時の大映・永田社長は、できあがった作品を見てさらに「ワケがわからん！」と憤慨。興行的に振るわなかったこともあって、製作を推進したディレクターやプロデューサーをことごとく左遷していたのです。ストラミジョリ女史は、よりによって、そんな「いわくつき」の作品に白羽の矢を立ててしまったのです。

おそらく、「この作品はダメだ」と烙印を押した社長への配慮もあったのでしょう。大映は「字幕を入れる費用がもったいない」という不自然な理由で、かたくなに出品を辞退しようとします。しかしストラミジョリ女史も自分の審美眼に狂いはないと自負していますから、引き下がりません。最終的には、なんと自費で字幕を入れるのでぜひとも出品させてほしいと申し出て、大映は、本当にしぶしぶと出品することになりました。

このように中途半端な経緯で出品された『羅生門』ですが、審査委員たちはその演出の斬新さ、特に「同じ事件を他者の視点から語ることで事実という概念が揺らいでいく」という非常に東洋的なプロットに衝撃を受けることになります。そして、アレヨアレヨという間に、まずその年のグランプリである金獅子賞に選ばれてしまいます。そして間髪を容《い》れず『羅生門』は大西洋を渡って今度は翌年の米国アカデミー賞の最優秀外国語映画賞にも選ばれてしまう。さらにその30年後、1982年に行われたヴェネチア国際映画祭50周年記念祭の歴代グランプリ、つまり、過去50年の金獅子賞の中から最優秀作品を選ぶ催しで、なんと1位――「グランプリ・オブ・グランプリ」に選ばれてしまったのです。

日本人は往々にして、潜在的にグローバルな競争力のある日本オリジナルの作品の価値を見抜けずに大きな機会損失をこうむる一方で（例・浮世絵）、競争力のない海外のコピー商品を評価して海外進出し、まったく相手にされずに痛い目に遭う（例・宇多田ヒカル）ということを歴史的に何度も繰り返していますが、『羅生門』もそういった「残念な例」のひとつになっていたかもしれないのです。

当の黒澤明自身は、自伝『蝦蟇《がま》の油』で以下のように述懐しています。

私は、『羅生門』がヴェニスの映画祭に出品されたことすら知らなかった。

それは、『羅生門』を見た、イタリヤ映画のストラミジョリイさんの理解ある配慮によるもので、日本の映画界には寝耳に水のことであった。

『羅生門』は、後に、アカデミイの外国映画最優秀賞も受けたが、日本の批評家達は、この二つの賞は、ただ東洋的なエキゾチズムに対する好奇心の結果に過ぎない、と評した。

困ったことだ。

日本人は、何故日本という存在に自信を持たないのだろう。何故、外国の物は尊重し、日本のものは卑下するのだろう。歌麿や北斎や写楽も、逆輸入されて、はじめて尊重されるようになったが、この識見の無さはどういうわけだろう。

悲しい国民性というほかはない。

（黒澤明『蝦蟇の油　自伝のようなもの』岩波書店、P351‐352より）

筆者は「日本人の創造性は高い水準にある」ということを主張するために、『羅生門』の事例を取りあげているわけですが、このエピソードは同時に、「個人の持つ高い創造性を、組織が活かしきれていない」という日本社会／日本企業が持つ課題も浮き彫りにしているように思います。日本が今後、グローバルに高い競争力を発揮するためには、もともと高い水準にある日本人の創造性が生み出した作品や製品を、グローバル市場と同じレベルの審美眼で精緻に評価しなければなりません。この『羅生門』にまつわる事例は、この点が大きな課題になってくるということを教えてくれます。

話を映画に戻しましょう。近年では２０１２年に、英国映画協会の呼びかけに応じて全世界358人の映画監督（＊1）が投票した「最も優れた映画」（10年に一度行われる）において、これまで長年にわたって1位を堅持してきた『市民ケーン』を破り、小津安二郎の『東京物語』が選ばれたことが大きな話題になりました。映画と言えばアメリカ、と思われる方も多いかもしれませんが、このランキングではトップ10にアメリカ映画は5作品が選ばれているのみです（＊2）。また、あえて触れるまでもないでしょうが、トップ10にランクインしているアジア映画は『東京物語』だけで、映画分野に関しては文字通り「世界最高の評価」を獲得していると言えます。

（＊1）ウディ・アレン、マーティン・スコセッシ、クエンティン・タランティーノなどの映画監督が含まれている。

（＊2）順位は以下の通り。1位：『東京物語』（小津安二郎）、2位：『2001年宇宙の旅』（スタンリー・キューブリック）、3位：『市民ケーン』（オーソン・ウェルズ）、4位：『8 1/2』（フェデリコ・フェリーニ）、5位：『タクシードライバー』（マーティン・スコセッシ）、6位：『地獄の黙示録』（フランシス・フォード・コッポラ）、7位：『ゴッドファーザー』（フランシス・フォード・コッポラ）、8位：『めまい』（アルフレッド・ヒッチコック）、9位：『鏡』（アンドレイ・タルコフスキー）、10位：『自転車泥棒』（ヴィットリオ・デ・シーカ）

＊クレヨンしんちゃん、スペインを席巻する

また、アニメーションの分野でも日本の創造性は猛威を奮っています。
たとえば、少し古くなりますが２００１年に20歳以上の男女を対象に中国で行われたキャラクター人気ランキングの調査は以下のようになっています。

1位　クレヨンしんちゃん
2位　孫悟空（ドラゴンボール）
3位　ドラえもん
4位　名探偵コナン
5位　ちびまる子ちゃん
6位　スヌーピー
7位　ドナルドダック
8位　ミッキーマウス
9位　ガーフィールド
10位　桜木花道

1～3位を、それぞれクレヨンしんちゃん、孫悟空（ドラゴンボール）、ドラえもんが占めており、オリンピック的に言えば金銀銅を独占している状況にあります。ご覧の通りトップ10のうち六つが日本発のキャラクターで、端的に中国のアニメ市場は日本発キャラクター

に席巻されていると言っていいでしょう。一方、手塚治虫が範としたアニメーションの先駆者＝ウォルト・ディズニーのキャラクターは7位にドナルドダックが、8位にミッキーマウスがランクインするに留まるといった程度です。

日本アニメが持つこの破壊力は何も中国に限った話ではなく、全世界的に発揮されています。たとえば、スペインで放映された「クレヨンしんちゃん」は、２００１年に放映開始されるや否や子供たちを熱狂の渦に巻き込みました。アニメ番組の史上最高視聴率を塗り替え、劇場版『クレヨンしんちゃん　暗黒タマタマ大追跡』は長編映画興行収入ランキング3位を記録。２００3年には「最優秀エンタテインメントキャラクター賞２００３」を受賞するなど、爆発的と言っていいブームを巻き起こしたのです。しかし禍福は糾《あざな》える縄の如しというべきか。あまりにも熱狂的に受け入れられたためでしょう、広場や街頭で、しんちゃんを真似て「尻」を露出して動き回る子供が大量に発生したため、最終的に放映禁止の憂《う》き目に会っています（みさえのヒステリックな反応にも親からのクレームが相次いだ）。

尻を露出させて動き回る子供を大量発生させたことの是非はともかく、このエピソードは日本発のアニメコンテンツの破壊的な浸透力を示しています。

＊長編文学は日本から生まれた

その他の分野でも、たとえば文学の世界では、千年前に世界最初の長編文学である紫式部の源氏物語を生み出しています。しかも、あらためて考えてみればこれは女性作家の手になる文学なのです。女性作家による長編文学と言えば、一般的にはエミリー・ブロンテ（＊3）の『嵐が丘』が「最初」と考えられがちですが、ブロンテが『嵐が丘』を著したのは１８４７年でしたので（しかも執筆時は男尊女卑の風紀が強かったため、ブロンテはエリス・ベルという男性名を使っています）、時代的には千年ほど先んじていたことになります。

また、現代に目を転じてみれば、川端康成、大江健三郎の二人がノーベル文学賞を受賞しており、また谷崎潤一郎と西脇順三郎の二人が正式な受賞者候補として選考対象になっていたことも、ノーベル財団の記録に残っています。ノーベル文学賞については様々な問題が指摘されていますが、これを文学的な影響力の証左と考えてアジアの他国と比較してみれば、インドからは詩人のタゴールが１９１３年に、中国からは莫言《モーイエン》がやっと２０１２年に受賞しているのみで、やはり日本はトップランナーの地位にあると言っていいでしょう。（＊4）

（＊3）エミリー・ジェーン・ブロンテ（Emily Jane Brontë、１８１８年7月30日－１８４８年12月19日）は、

イギリスの小説家。ヨークシャーのソーントンに牧師の子として生まれた。ブロンテ三姉妹の2番目で、唯一の長編小説『嵐が丘』を書いた。この作品は当初酷評されたが、没後に評価が高まった。他に三姉妹の詩を収めた『詩集』も評価されている。

（＊4）ただし、自然科学三分野以外のノーベル賞はスウェーデンにとって「外交の武器」という側面があって選考は高度に政治的なため、受賞数の多さをそのまま創造性の証左と考えるのもナイーブに過ぎるかもしれない。たとえば文学賞であればトルストイ、三島由紀夫、カフカ、ジョイス、プルーストが受賞していない一方で、歴代の受賞者を並べてみれば率直に言って「?」の印象を拭えない。さらにひどいのが平和賞で、たとえばキッシンジャー、アラファト、佐藤栄作の受賞では選考委員会で激しい対立が起こり、アラファト受賞の際は選考委員のボイコットまで発生している。人道的な側面が評価された受賞、たとえばシュバイツァーやマザー・テレサ、国境なき医師団の場合はあまり異論がないだろうが、ではなぜガンジーが受賞していないのか、不思議に思わないだろうか？　答えは簡単でイギリス政府に遠慮したからである。

＊印象派にインパクトを与えた浮世絵

美術の世界ではどうでしょうか？　この領域でも日本人の創造性はトップクラスにあると言っていいでしょう。たとえば、19世紀後半になって行き詰まりを見せていた欧州西洋美術に新たなインスピレーションを与えたのは、他ならぬ日本の浮世絵でした。

当時の日本において、浮世絵はその芸術的な価値をまったく評価されておらず（そもそも芸術という概念がなかったということもありますが……)、当時興隆しつつあった陶器の貿易において、運搬時の破損を防止するための「包み紙」として大量にヨーロッパに渡りました。ところが、その包み紙に描かれている浮世絵の表現に人々は驚愕します。それまでの西洋絵画には見られなかったアシンメントリック（非対称）で大胆な構図、極端なデフォルメ、色彩感覚や遠近法を無視した書法など、浮世絵は彼らに強いインスピレーションを与えることになったのです。

古典派、バルビゾン派、印象派の画家は競って浮世絵を買い求め、その技法を研究して自分の画風に取り入れました。今日、マネ、モネ、ドガ、ホイッスラー、ゴッホ[*5]、セザンヌ、ルノワール、ゴーギャン、ベルナール、ロートレック、クリムト、シーレらの絵画に浮世絵の強い影響が見られることが知られています。ファン・ゴッホによる歌川広重[*6]の「大はしあたけの夕立」の模写をご覧になった方も多いでしょう。

現在、浮世絵は、20以上の欧米の一流美術館に計20万点以上が収蔵されていると考えられています。中には5万点を収蔵するボストン美術館や3万点を収蔵するプーシキン美術館など、万単位の収蔵数を誇る美術館も少なくなく、また上記以外に無数の個人コレクションも存在していると推測されます。外国美術品としてこれだけ大量に収集されている美術品は浮世絵をおいて他にありません。

先ほどの『羅生門』の事例と同じように、ここでも「日本人の創造性の高さを認めるのは日本人よりも外国人」という「ねじれの構造」が見られますね。われわれ日本人は自分たちの「美的感性」にもう少し自信を持っていいのかもしれません。

素晴らしい紀行文を数多く残したアン・モロー・リンドバーグ[*7]（人類初の大西洋単独無着陸飛行に成功したチャールズ・リンドバーグの妻でもあった）は、1935年に刊行された旅行記『翼よ、北に』において、日本についての印象をこのように語っています。

すべての日本人には芸術家の素質がある。そのような芸術的なタッチはあらゆるところに見られる。日本の博物館に陳列されている宝物のうちにあるばかりではない。しごくあっさりした着物のうちにも、毛筆の書き流す文字のうちにも見られる。雨の通りに花ひらく、青や赤の番傘や蛇の目傘のうちにも、普段使いの食器のうちにも見られる。わたしは、日常生活のうちの紙と紐すらも、日本人特有のタッチによって、かりそめならぬものに変えられているのだと感じるようになった。

あるとき、わたしたちは日本の通りを歩いていた。藍の浴衣を着て、背中に赤ちゃんをおぶっている女の人が街角に立っていた。雨が降りしきり、彼女は濃い青に白い輪の入った傘を頭の後ろに掲げ持っていた。わたしの友達は、「まるで後光みたいでしょう」と言った。雨の日、日本の女性はだれでもこうした後光をいただいている。それは日本では最もありふれた種類の雨傘なのだ。

（アン・モロー・リンドバーグ『翼よ、北に』みすず書房、P191 - 192より）

アンが指摘している「生活に根付いた美」に対して、われわれが無意識であり続ければ、これらの感性はともすれば失われてしまう可能性があります。アンは、西欧の社会的な文脈において作成された「鑑賞するためだけに作られたアート」とは異なる種類の「美」が、日本人の生活の中に根付いていることに深い感銘を受けたことをたびたび記しています。

アンが用いている「アート」という言葉は、美が生活文脈から切り離されて自立的に存在するものにこそ価値があるとする、ヨーロッパの文化的枠組みを背景に持っています。このような枠組みに絡めとられると、日本人の「生活に根付いた美」は、生活から切り離され、美術館でつかの間眺められる代物になってしまい、最終的にその美的感性は日本人から失われてしまうことになりかねません。いい例が携帯電話でしょう。

個人の知的活動を支援する「パーソナルコンピュータ」という概念を1960年代に提唱した「パソコンの父」＝アラン・ケイ(＊8)は、日本を訪れた際、国立博物館で螺鈿細工《らでんざいく》の印籠を見て「日本人は200年も前にこんなにクールで美しいモバイルを作っていたのに、なんで今はあんなに醜い携帯電話しか作れないのか？」と周囲に尋ねていました。(＊9)生活の中から失われた「美」は、やがてそこに暮らす人の感性をも鈍麻させます。そして、鈍麻した感性を持った人々が経営学やマーケティングスキルを頼りに作り出すさらに醜悪なプロダクトが世の中に溢れ、社会の美を根こそぎ奪っていくことになるでしょう。

われわれは類《たぐい》まれな「美的感性」を持った民族なのだということをこれらのエピソードは示唆しています。しかし、そのことについてわれわれが無自覚であり続ければ、この高い美意識は容易に失われてしまうことをよく認識しておく必要があります。

（＊5）フィンセント・ファン・ゴッホ（Vincent van Gogh、1853年3月30日‐1890年7月29日）は、オランダ出身でポスト印象派の画家。主要作品の多くは1886年以降のフランス居住時代、特にアルル時代（1888年‐1889年5月）とサン＝レミの精神病院での療養時代（1889年5月‐1890年5月）に制作された。感情の率直な表現、大胆な色使いで知られ、ポスト印象派の代表的画家である。フォーヴィスムやドイツ表現主義など、20世紀の美術にも大きな影響を及ぼした。

（＊6）歌川広重（うたがわ ひろしげ、寛政9年〈1797年〉‐安政5年9月6日〈1858年10月12日〉）は、浮世絵師。本名安藤鉄蔵。江戸の定火消《じょうびけ》しの安藤家に生まれ家督を継ぎ、その後に浮世絵師となった。かつては安藤広重（あんどう ひろしげ）とも呼ばれたが、安藤は本姓、広重は号であり、両者を組み合わせて呼ぶのは不適切で、広重自身もそう名乗ったことはない。

（＊7）アン・モロー・リンドバーグ（Anne Morrow Lindbergh、1906年6月22日‐2001年2月7日）は、アメリカの作家、飛行家。主な著書に『翼よ、北に』『聞け！ 風が』（ともにみすず書房）がある。

（＊8）アラン・カーティス・ケイ（Alan Curtis Kay、1940年5月17日‐）は、アメリカ合衆国の計算機科学者、教育者、ジャズ演奏家。主にオブジェクト指向プログラミングとユーザインタフェース設計に関する初期の功績で知られている。「未来を予測する最善の方法は、それを発明することだ」という言葉で有名。大組織において複数人がコンピュータを共用するのが常識だった1960年代に、個人の活動を支援する「パーソナルコンピュータ」という概念を提唱した。

（＊9）浜野保樹『模倣される日本』祥伝社、P147より。

＊建築・工学分野の創造性

さすがにくどくなってきたので、ここらで終わりにしたいと思いますが、たとえば建築の分野においても、日本人の創造性は特筆に値します。ドイツの建築家＝ブルーノ・タウト(＊10)が来日した際、案内された桂離宮を見て感動のあまり泣いてしまった、というエピソードは有名です。タウトは桂離宮の様子を以下のように日記に記しています。

私達は、今こそ真の日本をよく知り得たと思った。しかしここに繰り広げられている美は、理解を絶する美――すなわち偉大な芸術のもつ美である。すぐれた芸術品に接するとき、涙はおのずから眼に溢れる。私達は、この神秘にもたぐう謎のなかに、芸術の美はたんなる形の美ではなくて、その背後に無限の思想と精神のつながりとの存することを感得するのである。

（ブルーノ・タウト『日本美の再発見』岩波書店、P143-144より）

桂離宮が建立《こんりゅう》されたのはおよそ400年前ですが、現代でも多くの日本人建築家がグローバルに引っ張りだこの状態にあります。たとえば2010年に落成したポンピドゥーセンター新館は日本人建築家の坂茂(＊11)の設計です。ポンピドゥーセンターとは、わかりやすく言えば「フランスの国立近代美術館」のことです。フランスはジャン・ヌーベルをはじめとして多くのスター建築家を抱える国ですが、そのような国における国家的プロジェクトに日本人がマスターアーキテクトに選ばれて辣腕《らつわん》を振るっているのです。

最後に、工学エンジニアリングの分野でも日本人の創造性は疑いようがありません。古くは剛性低下方式というユニークな設計方式を用い、当時の戦闘機乗りをして「天下一品の操縦性」と言わしめた零式艦上戦闘機（ゼロ戦）や、強力な火器とコンパクトな船体設計を両立させた戦艦大和、近代に目を転じれば世界の風景を激変させたウォークマンや液晶テレビ、世界の交通革命の先駆けとなった東海道新幹線、環境配慮時代の先鞭をつけたプリウスなど、日本人の創造性が発揮された工業品は枚挙にいとまがありません。

（＊10）ブルーノ・タウト（Bruno Julius Florian Taut、1880年5月4日‐1938年12月24日）は、ドイツの東プロイセン・ケーニヒスベルク生まれの建築家、都市計画家。鉄のモニュメント（1910年）、ガラスの家（1914年）が評価され、表現主義の建築家として知られる。
（＊11）坂茂（ばんしげる、1957年‐）は日本の建築家。日本建築学会賞作品賞、吉岡賞、JIA新人賞など多数受賞。東京都出身。

「組織」が「個人」をダメにする

＊問題は「個人の創造性」ではなく「組織の創造性」

多分野にわたって列挙したこれらの反証例が示唆しているのは「日本人が創造性に劣って

いるとはとても考えられない、むしろ世界トップレベルにあるはずだ」ということです。個人の創造性がすでにトップクラスである以上、このポイントに問題解決の論点を設定しても大きな改善は期待できません。システムの出力を大きく向上させるには、常にボトルネックに着目することが必要です。

では、日本企業でイノベーションの促進を阻害するボトルネックファクターは何なのか？

それは「組織」です。

歴史的に見て多くの領域において個人として発揮されている創造性が、最近の企業組織においてまったく発揮されていないという事実――。それは、組織が個人の創造性をうまく引き出せていないということを示唆しています。そして、その理解の上に立って先述した日本人による数々のイノベーションを眺めてみれば、その多くが個人の才能によるものであって、必ずしも組織力が全開に発揮されたものではないことにも気づくでしょう。

企業組織が関わった事例でも、たとえばゼロ戦やウォークマン、新幹線といったケースではカリスマ創業者（ウォークマンにおける井深大[*12]）か、あるいは全権を持ったスターエンジニア（ゼロ戦における堀越二郎、東海道新幹線における島秀雄）の存在があり、組織力よりも個人としての力量の発露がイノベーションの原動力となった側面を否定できません。

つまり、このように事例を並べて考えてみるとわかるのは、日本人は「個人」になれば世界トップレベルの創造性を発揮するものの、「組織」になるとからっきしダメになるということなのです。

（＊12）井深大（いぶか まさる、1908年〈明治41年〉4月11日 - 1997年〈平成9年〉12月19日）は、日本の電子技術者および実業家。盛田昭夫とともにソニーを創業。

＊西堀栄三郎の鋭い指摘

筆者が知る限り、日本人の創造性と組織の問題を最初に指摘したのは西堀栄三郎です。西堀は、東芝の技術顧問を務める一方で南極越冬隊の隊長になったりと破天荒な人生を送ったことで有名ですが、原子力や真空管の分野でも様々な開発を主導し、日本の「モノづくり」に大きく貢献した人物でもあります。その西堀栄三郎は1984年に出版された著書『石橋を叩けば渡れない』（生産性出版）の中で、「日本人は、個人としての創造性はある。これが組織になるとさっぱりになるのは、組織内に小姑のような人が居て色々とケチをつけたり混ぜ返したりするからだ。だから日本人に創造性を発揮させたければ個人を鍛えるよりも組織のあり様を変えなければダメだ」と指摘しています。

西堀は特に日本という国に限定してこのコメントを残しているわけですが、組織の創造性を高めようとするのであれば、その組織の構成員よりも組織のあり様に目を向けるべきだ、という考え方は、洋の東西を問わずに提示されています。たとえば、低迷するP&Gにオープンソースイノベーションという概念を導入して業績を急回復させることに成功したA・G・ラフリーも、その著書『ゲームの変革者』(日本経済新聞出版社)の中で「イノベーションはR&D部門の仕事だと思ったら大間違いだ」と述べています。また、今やイノベーション学のグルとなった感もあるハーバード・ビジネス・スクールのクレイトン・クリステンセンは、その著書『イノベーションへの解』(翔泳社)において「成功のカギは人事部である」と述べています。

つまり「イノベーションの推進」というテーマを考察する場合のカギとなるのは、「組織」こそがその成否を握っているということなのです。

*個人の創造性を引き出す組織

このように考えてみると、多くの企業が掲げる「どのようにして創造性を高めるか?」や

「クリエイティブ思考をどう鍛えるか？」という論点は、そもそも問題設定のピントがずれているということになります。もちろん、個人の創造性を高めることは組織の活力を向上させるうえで重要な取り組みです。しかし、これまでに述べてきた様々な事例は、われわれ日本人が真に向き合うべきなのは「人材の創造性を阻害している組織要因は何なのか？」「どのようにすれば個人の創造性を組織の創造性につなげられるのか？」という問題であることを示しているように思います。

分析心理学、行動心理学に続く「第三の心理学」を提唱したエイブラハム・マズロー(＊13)は、その著書の中で、創造性は誰にでも備わっているものであり、問われるべきは「人間は、どのようにして創造的になれるのか？」ではなく「人間の創造性の発露を損なっているのは何か？」であると指摘しています。マズローのこの主張は、「日本人」を「人間」に置き替えているだけで、基本的に筆者の主張していることと同じです。

（＊13）エイブラハム・マズロー（Abraham Harold Maslow、1908年4月1日‐1970年6月8日）は、アメリカの心理学者。特に欲求階層モデルを提唱したことで知られる。

＊本書の構成

本書は、その論考の基礎を、ヘイグループがフォーチュン社と共同で行っている「世界で最も賞賛される企業＝World's Most Admired Companies」（以下、ＷＭＡＣ）に関する調査において、「最もイノベーティブな企業」として最上位にランキングされた企業(＊14)への組織開発プロジェクトによって得られたデータや定性的観察に置いています。

本書の第二章以降では、これら「イノベーションを継続的に起こすことに成功している企業／組織」に共通して見られる特徴を挙げ、それらの特徴がどのようにしてイノベーションの実現に寄与しているのか、それらの特徴をどのようにして獲得できるのかという点について述べていきます。

残念ながら、守秘義務の関係から個別企業における具体的な取り組みを紹介することはできないのですが、イノベーションが発動する本質的なメカニズムを洞察していただくには十分な情報量だと思います。

第二章では、主にその焦点を「組織風土」に当て、「人材の多様性」「上下間での風通しのよさ」「失敗に寛容な文化」について考察します。

第三章では、主にその焦点を「組織構造」に当て、「ネットワーク密度」「組織における遊びの存在」「非線形で柔軟なプロセス」について考察します。

第四章では、主にその焦点を「リーダーシップ」に当て、第二章／第三章で扱ってきた組織的な特徴がイノベーションに昇華されるために、イノベーティブな企業ではどのようなリーダーシップが発揮されているのかについて考察します。

第五章では、第二〜四章までの考察をもとに、組織開発という側面でどのような取り組みが求められるのかについて概括していきます。

それでは「世界で最もイノベーティブな組織」の特徴について、これから一緒に考察していきましょう。

（＊14）２０１３年のランキングでは1位：アップル、2位：グーグル、3位：アマゾン、4位：コカ・コーラ、5位：スターバックス、6位：ＩＢＭ、7位：サウスウエスト航空、8位：バークシャー・ハサウェイ、9位：ウォルト・ディズニー、10位：フェデックスとなっている。

第二章　イノベーションは「新参者」から生まれる

或ることをなしたために不正である場合のみならず、或ることをなさないために不正である場合も少なくない。

マルクス・アウレリウス『自省録』

人材の多様性

*なぜビートルズはリバプールから出現したのか？

ＷＭＡＣにおいて、「最もイノベーティブな企業」に共通して見られる特徴のひとつに「多様性の重視」が挙げられます。しかし一体、人材の多様性とイノベーションにはどのような関係があるのでしょうか？

カギは「多様性がもたらす創造性への影響」にあります。

過去の歴史をひもといてみると、不可解な場所からクオリティの高い知的生産物が生み出されていることがあります。たとえば20世紀以降のポップミュージックのあり様を変革したロックグループであるビートルズは、ロンドンではなくリバプールから出現しました。当時から、イギリスにおける音楽の中心地といえばロンドンであり、リバプールは大西洋航路のノスタルジーにひたる地方の港町で、特に音楽文化が花開いていた場所ではありません。そのような田舎の港町から、世界を変えるロックグループがなぜ現れたのか？　考えてみると、これはとても不思議なことではないでしょうか。もちろん、いくつかの複合的な要因が作用しているわけですが、音楽史の関係者が共通して挙げる大きな理由のひとつが「当時米国で生まれつつあった新興音楽であるロックのレコードが、最も早く持ちこまれたのがリバプールだった」という事実です。

リバプールは、当時イギリスとアメリカを結ぶ大西洋航路の主要な港でした。当時の大西洋航路の船員は、船内でのヒマつぶしのためにアメリカで大量のレコードを購入し、船内で聴き尽くしたレコードをリバプールに上陸すると同時に売り払うということを繰り返していました。結果、リバプールの町には船員たちが持ち帰ってきたアメリカの様々なレコードが溢れることになったわけです。そのレコードを聴いて目を輝かせていたのが、当時高校生だったジョン・レノンでありポール・マッカートニーでした。彼らは、アメリカから持ちこまれるロックと、イギリスで当時流行していたスキッフルなどの音楽を交配させることで独自の音楽スタイルを築き上げ、ビートルズが生まれることになったのです。

*なぜルネサンスはフィレンツェから始まったのか？

世界史には、こういった「文化の交差点」がイノベーションの中心地となった例が他にもたくさん見られます。たとえば、フィレンツェにおけるルネサンスの開花がそうです。

ルネサンスとは14～16世紀にイタリアを中心に起こった古代の文化・芸術を復興させようとする運動の総称です。中でもフィレンツェを中心に興ったイタリアルネサンスは、皆さんもよくご存じのレオナルド・ダ・ヴィンチやラファエロ、ミケランジェロ、マキャベリといった多分野にわたる天才を生み出しました。訪れたことのある方はご存じでしょうが、フィレンツェはとても小さな街で、せいぜい10キロ四方の広さしかありません。フィレンツェで創造性が爆発した盛期ルネサンスは15世紀半ばから16世紀半ばのことですから、たった100年足らずの間に10キロ四方にも満たない町から、美術史あるいは科学史に大書されるような天才が次々に誕生したわけです。これを単なる偶然と考えるのは不自然でしょう。

フィレンツェにおけるルネサンスの開花には、メディチ家が大きく貢献したと言われています。フィレンツェで銀行業を営んで大きな繁栄を築いたメディチ家は、その持てる富を絵画、彫刻、建築、文学、政治学などの幅広い分野に提供し、多くの才能ある人材をフィレンツェに集めました。あれほど小さな街です。おそらくレオナルド・ダ・ヴィンチとミケランジェロがフィレンツェの街角で邂逅《かいこう》するといったこともあったでしょうし、少なくとも彼ら自身が作り上げた作品を目にすることは何度となくあったはずです。彼らは、同分野であれば切磋琢磨し、他分野であれば刺激を与え合うことで自らの思考や芸術を深め、世界史的な運動を牽引することになったのです。

＊先端科学も「異種混合」がカギに

異なる分野の交配が新しい知を生み出す傾向は、科学の最先端でも観察されています。

２０１０年にワシントンで行われたアメリカ科学振興協会（ＡＡＡＳ＝科学雑誌「Science」の発行母体）のカンファレンスで、同会会長であり、また雑誌「Science」の最高経営責任者であるアラン・レシュナーは「専門分野別の科学はもう死んだ」と主張しています。レシユナーによれば「近年の主要な科学の進歩は、複数分野が関わっているケースがほとんどだ。著者が一人だけという論文自体が最近は珍しいし、著者が複数の場合、それぞれが異なる分野の研究者であることが非常に多い」というのです。

これとほぼ同様のことを指摘しているのが、アメリカの科学史家トーマス・クーン(＊15)です。クーンは「パラダイムシフト」という言葉を根付かせるきっかけとなった彼の主著、そして歴史的名著である『科学革命の構造』（みすず書房）において「本質的な発見によって新しいパラダイムへの転換を成し遂げる人間の多くが、年齢が非常に若いか、或いはその分野に入って日が浅いかのどちらかである」（傍点筆者）と指摘しています。(＊16)

要するに、レシュナーもクーンも「異なる分野のクロスオーバーするところにこそイノベーティブな思考が生まれる」と主張しているわけです。たしかに、近年において科学界を揺るがすような成果を挙げた科学者には「ダブルメジャー」が多い。

（＊15）トーマス・サミュエル・クーン（Thomas Samuel Kuhn、１９２２年7月18日 - １９９６年6月17日）は、アメリカ合衆国の科学史家・科学哲学者。ハーバード大学で物理学を専攻し博士学位を取得。大学院在学中に物理学史の講義を担当したことをきっかけに、科学史研究に転じた。１９６２年に発表された主著『科学革命の構造』で、科学の歴史がつねに累積的なものではなく、断続的に革命的変化すなわち「パラダイムシフト」が生じると指摘した。ハーバード大学、ボストン大学、カリフォルニア大学バークレー校、プリンストン大学、マサチューセッツ工科大学で教鞭を執り、科学史学会会長も務めた。

（＊16）トーマス・クーン『科学革命の構造』みすず書房、P187より。

＊地質学者ダーウィン

たとえばチャールズ・ダーウィン(＊17)が典型例でしょう。ダーウィンは進化論における、いわゆる自然選択説を提唱したことで知られているため、一般には生物学者として認識されていますが、本人は終生自らを地質学者と名乗っていました。

ダーウィンが、もともと大学で志していたのは医学でした。しかし、なかなか身が入らず、途中で180度方向を変えて神学部に転部して牧師を目指すことになります。しかし結局こちらも本気になれず、最終的に昔から好きだった地質学の研究に進みます（もともと地質学をやりたかったのに、成功した医師だった父親の希望を横眼でにらみながら学部を選択したため、どれも中途半端になったらしい。牧師になろうとしたのも、牧師だったら余暇がたくさんあるだろうから、その時間を使って博物学の研究ができるというのが理由で、キャリアの専門家としては「ちょっとソコに座れ」と言いたくなる）。

その後、よく知られている通りビーグル号に乗りこんでガラパゴス諸島を訪れます。そこで自然選択説の最初のインスピレーションを得ることになるわけですが、ここで注意してほしいのが、生まれてから自然選択説を発表するまで、ダーウィンは結局のところ一度も「生物学者」だったことがないという点です。

人類史上、最も科学に大きな影響を与えた生物学上の仮説が、生物学者ではなく、地質学者から提出された——。

この事実は、イノベーションというものの成立要件を考察するに当たって、とても重大な何かを示唆しています。実際のところ、ビーグル号には別に生物学専門の科学者も乗りこんでいました。しかし、この生物学者は集めた標本をそれまでの生物分類に沿って整理することに熱中していて、ダーウィンが抱いたような仮説を持つに至らなかったんですね。

なぜ専門の生物学者がこの仮説に気づかず、ダーウィンが気づいたのでしょうか？　それはまさに「彼が専門の生物学者でなかったから」ではないか。

ダーウィンは、自然選択説を思い当たる際、二つのインプットが重大な契機になったと述懐しています。

ひとつはライエル[*18]の『地質学原理』です。ダーウィンは、同著にある「地層はわずかな作用を長い期間蓄積させて変化する」というフレーズに接し、動植物にも同様なことが言えるのではないか、という仮説を考えたらしい。そしてもうひとつは、有名なマルサスの[＊19]『人口論』です。「食料生産は算術級数的にしか増えないのに人口は等比級数で増えるため、人口増加は必ず食料増産の限界の問題から頭打ちになる」という予言＝「マルサスの罠」を提唱して議論を巻き起こした著作です。この本を読んでダーウィンは、食料供給の限界が動物において常に発生する以上、環境に適応して変化することが、種の存続において重要であるという仮説を得ています。

これら二つの仮説が、結局「自然選択説」という理論に結晶化するわけですが、ダーウィン自身の専門も、また彼にインスピレーションを与えた書籍も、どちらも「生物学」に無縁であったということに注意してください。

ダーウィンは、クーンの言う「パラダイム転換を成し遂げる人間のほとんどが、その分野に入って日が浅い人物だ」という指摘の正しさを証明する代表的サンプルだと言えます。こういったことは他の科学分野においてもよく見られるんですよね。

（＊17）チャールズ・ロバート・ダーウィン（Charles Robert Darwin、1809年2月12日 - 1882年4

月19日）はイギリスの自然科学者。卓越した地質学者・生物学者で、種の形成理論を構築。すべての生物種が共通の祖先から長い時間をかけ、自然選択のプロセスを通して進化するという仮説を提示した。進化論の提唱の功績から今日では生物学者と一般的に見なされる傾向にあるが、自身は存命中に地質学者を名乗っており、現代の学会でも地質学者であるという認識が確立している。

（＊18）チャールズ・ライエル（Charles Lyell、1797年11月14日‐1875年2月22日）はスコットランド出身の地質学者、法律家。『地質学原理』の著者として知られ、近代的地質学の基礎となる斉一説《せいいっせつ》を広めた。チャールズ・ダーウィンの友人でもあり、彼の自然選択説の着想にも影響を与えたと言われる。

（＊19）トマス・ロバート・マルサス（Thomas Robert Malthus、1766年2月14日‐1834年12月23日）は、イギリス・サリー州ウットン出身の経済学者。古典派経済学を代表する経済学者で、過少消費説、有効需要説を唱えた。

＊恐竜絶滅の理由

なぜ恐竜は絶滅したのか。この問いは20世紀の科学界において、長いこと大きな謎でした。その原因としては、恐竜が花粉症になったという説から、新しく出現した哺乳類との競争に負けたという説、ただ単に体が巨大になりすぎたという説まで、いくつもの仮説・珍説が大真面目に議論されてきました。そんな中、白亜紀の終わりに直径10キロの隕石が地球に衝突して、これが恐竜絶滅の原因になったのではないかという、今日よく人口に膾炙《かいしゃ》する仮説を出したのが、ノーベル物理学賞受賞者のルイ・アルバレス(＊20)でした。

その仮説とは「隕石の衝突によって大量の粉塵が空高く舞い上がり、これが地球の大気をすっぽり覆って太陽光を遮断したために地球の気温が下がり、やがて進化の系統樹の枝を丸ごとボッキリ折るようにして恐竜を絶滅に追いやった」というものです。この仮説は現在、恐竜の絶滅を説明するうえで最も有力な仮説となっています。

もちろん、多くの古生物学者は、長い地球の歴史の中で多くの小惑星や隕石が地球に衝突していたことを知っていました。ではなぜ、彼らは恐竜絶滅の原因として、隕石説を提案しなかったのでしょうか？　一言で言えば「この二つを結びつけることなど、考えたこともなかった」ということです。

そんな多くの古生物学者が気づかなかった仮説に、アルバレスはどうして気づいたのでしょうか？　これにはアルバレスの息子がどうも関わっているようです。アルバレスの息子もまた地質学者でした（またか……）。アルバレスはその息子とともに、白亜紀から第三紀の境界の粘土層に含まれるイリジウムの濃度が全世界的に際立って高いことを発見し、この時期に巨大な隕石が地球に落ちたのではないかと考えました(＊21)。そして、その時期が恐竜絶滅の時期と重なっていることから、これが恐竜絶滅の主要因になったのではないかという仮説を持つに至ったのです。ダーウィン同様、ここでも「物理学（天文学）」と「地質学」が出合うことで、もともと関係のなかった「古生物学」における重大な仮説が提示されている、ということに注意してください。

さすがにくどくなってきたのでここらで止めておきますが、こういった例はいくらでも見つけられます。DNAの二重らせん構造を発見したフランシス・クリック[*22]も、もともとは物理学で修士号をとった後、キャリアに行き詰まって生物学に転向していますし、その構造の決定に大きな役割を果たしたロザリンド・フランクリン[*23]のX線回折写真も物理学の手法を駆使していましたよね。

このように、科学におけるイノベーティブなアイデアの多くは、領域横断的なところで生み出されているんです。そしてこれはビジネスにおけるイノベーションでも同様です。「イノベーション」の重要性を最初に指摘した人物の一人である経済学者のシュンペーター[*24]は、その著書『経済発展の理論』において、イノベーションを生み出す中心概念を「新結合」という言葉を使って説明しています。後述するアップルのスティーブ・ジョブズもほぼ同様に「Connecting the dots ＝創造とは結びつけることだ」と述べています。さらに、オープンイノベーションの実践で先駆的な実績を挙げているP＆Gでは、イノベーションの促進にあたって「コネクト&ディベロップ」をスローガンとして掲げており、同社のイノベーション兼技術担当副社長だったラリー・ヒューストンは「独創性とは、人と人とのつながりをつくるプロセスにほかならない」と指摘しています。

言葉の使い方は様々ですが、ひっくるめて言えば、彼らが指摘しているのは「これまでに誰も考えたことがない新しい要素の組み合わせがイノベーションの源泉だ」ということです。そして、この「新しい要素の組み合わせ」を実現するために、多様性が非常に重要な要件になってくる、ということです。

(＊20) ルイス・ウォルター・アルバレス (Luis Walter Alvarez、1911年6月13日 - 1988年9月1日) はアメリカの物理学者、ノーベル物理学賞受賞者。専門分野以外で恐竜の隕石衝突による絶滅説を提出したことでも有名。

(＊21) イリジウムは地表上にはほとんど存在しない物質だが、隕石や宇宙塵として一定の割合で降ってくる。アルバレス父子は、世界中の地層の白亜紀から第三紀のイリジウム濃度が高いのは、この時期に巨大な隕石が落ちたためではないかと考えた。

(＊22) フランシス・ハリー・コンプトン・クリック (Francis Harry Compton Crick、1916年6月8日 - 2004年7月28日) はイギリスの科学者。DNAの二重らせん構造の発見者。

(＊23) ロザリンド・エルシー・フランクリン (Rosalind Elsie Franklin、1920年7月25日 - 1958年

4月16日）はイギリスの物理化学者、結晶学者。石炭やグラファイト、ＤＮＡ、タバコモザイクウイルスの化学構造の解明に貢献した。

（＊24）ヨーゼフ・アーロイス・シュンペーター（Joseph Alois Schumpeter、１８８３年2月8日‐１９５0年1月8日）はオーストリア・ハンガリー帝国（後のチェコ）モラヴィア生まれのオーストリアの経済学者。企業者による不断のイノベーションが経済を変動させるという理論を構築。また、経済成長の創案者でもある。

＊高度経済成長期と日本のイノベーション

筆者は、日本の高度経済成長期において様々な分野でイノベーションが加速した理由についても、「人材の多様性」という観点から説明できるのではないかと考えています。この時期、太平洋戦争期において様々な領域で研究開発を行っていたエンジニアが、ＧＨＱ(＊25)の指導によってそれまでの活動を継続できなくなり、異なる分野、それも多くは民生分野に身を転じることを余儀なくされました。この研究領域のシフトが、多くの分野で様々な「新結合」を促し、イノベーションを生み出す要因となったのではないか、というのが筆者の仮説です。

たとえば、欧米の自動車技術から一歩も二歩も遅れをとっていた日本自動車界において、「東洋にスバルスターあり」と欧米自動車技術者の心胆を寒からしめるきっかけとなった傑作小型車「スバル360」(＊26)を生み出した百瀬晋六をはじめとする富士重工の開発チームには、多くの航空機技術者が参加していました。また、マツダ（当時の社名は東洋工業）において当時「不可能」とまで言われたヴァンケルロータリーエンジンの開発を主導したのも、戦時中は戦闘機設計に従事していた山本健一を中心とした平均年齢25歳の混成チームでした。また、東海道新幹線において車台振動の問題を解決したエンジニアも、航空機のフラッター問題（航空機の翼が高速時に振動を起こして破壊される問題）の専門家でした。

航空機エンジニアとして教育を受け、キャリアを築いてきた彼らにとって、自動車や鉄道へのキャリアシフトは必ずしも本意ではなかったかもしれません。しかし、そのような大きな「ドメインチェンジ」が、様々な分野で異種混合を生み出し、それが数多くの世界に先駆けたアイデアにつながったとは考えられないでしょうか。

（＊25）連合国軍最高司令官総司令部（General Headquarters）の略語。太平洋戦争の終結に際してポツダム宣言の執行のために日本において占領政策を実施した連合国軍の機関。

（＊26）スバル360（Subaru 360）は、富士重工業（スバル）が開発した軽自動車。1958年から1970年までのベ12年間にわたり、約39万2000台が生産された。航空機技術を応用した超軽量構造を採用し、また限られたスペースで必要な居住性を確保するための斬新なアイデアが数多く導入された。その結果、量産型の軽自動車としては史上初めて大人4人の乗車を可能とし、当時の水準を超える走行性能を実現した。

＊流動性の低い日本

翻《ひるがえ》って、近年の日本企業の状況を振り返ってみれば、多数の人が新卒で入った会社で勤め上げるのはもちろんのこと、昨今ではカンパニー制浸透の弊害からか、あるいはスペシャリスト育成幻想からか、事業領域をまたがった業務経験をなかなか得られない状況にありま す。これではかつて日本で起こったような、多分野における知の融合と化学反応は到底期待できません。手元の『データブック国際労働比較2012』統計を開いてみると、先進7カ国における従業員の平均勤続年数では、想像通りというべきか、日本はやはりトップスコアをマークしています。(＊27)

日本	：13.3年
米国	：　4.4年
イギリス	：　8.7年
ドイツ	：11.2年
フランス	：11.7年
イタリア	：11.9年

なんというか、閉塞感に覆われた残念な国であればあるほど、平均勤続年数が長くなる傾向にあるような気がするのは僕だけでしょうか。異分野の知の融合が新たな知の創発を促すという、科学史や様々なイノベーションの事例から示唆される仮説を是とするのであれば、「同じ会社に留まり続ける人が最も多い」日本という国でイノベーションが起こりにくいのは当然のことだと言えます。

（＊27）『データブック国際労働比較2012』独立行政法人労働政策研究・研修機構、P119「従業員の勤続年数（2010年）」より。なぜかカナダのデータは同項目には記載されていない。

＊本当の「多様性」とは？

昨今では多様性の問題に取り組む日本企業も増加しているようで、ヘイグループにも多くの企業から相談が寄せられるようになっています。しかし、ほとんどの企業は、性別や国籍といった「属性の多様性」にのみフォーカスを当てるばかりで、肝心かなめの「思考の多様性」や「意見の多様性」にまで踏みこんでいる企業が少ないのは何とも残念です。

これまでの考察からも明らかなように、多様性が創造性に昇華されるには、組織内に「思考の多様性」や「感性の多様性」が生まれ、それが結果的に「意見の多様性」につながり、組織内に建設的な認知的不協和が発生する必要があります。

つまり最終的に重要なのは「意見の多様性」であって「属性の多様性」ではない、ということです。多くの企業が取り組んでいる「属性の多様性」に関する向上は、それはそれで否定はしないものの、それが最終的に組織内における建設的な認知的不協和につながるかどうかは、「属性の多様性」がしっかりと「意見の多様性」につなげられるかどうか、という点にかかっています。

しかし、多くの企業における取り組みは単なる「属性の多様性」の向上施策に終始しているだけで、そこからどのようにして「意見の多様性」を生み出すかについては、何の手も打たれていないように思えるんですね。このような中途半端な取り組みで組織の創造性が高まるとは、とてもじゃないが思えません。残念ながら、多くの企業で取り組まれている性別や出身地といった属性を多様化する試みのほとんどは、なんの効果を生み出すことなく単なる自己満足に終わるでしょう。

重要なのは、人と異なる考え方／感じ方をどれだけ組織成員ができるか、そして考えたこと／感じたことをどれだけオープンに話せるかという問題です。これは属性の問題というよりも「多様な意見を認める」という組織風土の問題であり、さらには「多様な意見を促す」という組織運営に関するリーダーシップの問題だと捉える必要があります。この二つに手をつけることなく、ただ単に属性だけを多様化させても組織の創造性は高まりません。

＊上下間の風通し

前節において紹介した「新しいパラダイムへの転換を成し遂げる人間の多くが、若いか、あるいはその分野に入って日が浅いかのどちらかである」というトーマス・クーンの指摘は、イノベーションにおける「多様性の重要度」とはまた別の角度からの示唆をわれわれに与えてくれます。その示唆とは「上下間の風通し」が、イノベーション促進の重要な論点になってくるということです。

イノベーションを実現するためには、組織内で生まれたイノベーションの芽となるアイデアに対して「人・モノ・金」という組織の資源を傾斜的に投入することが求められます。この資源投入の意思決定権限は、通常組織内における上位管理職に集中しています。一方、クーンの言葉によれば、組織内において革新的なアイデアを生み出す人は「若い人」か「その組織に加わって日が浅い人」——組織内において「資源投入の意思決定権限を持たない人」であることが多い。つまり、イノベーションの芽となるアイデアを生み出す人と、そのアイデアに資源を注ぎこんで育てるという意思決定権限を持つ権力者との間には、組織内で大きな距離が存在しているということです。

ここで組織内における上下間、特に「下から上」に向かう情報量の多寡という問題が重要な論点として浮上してきます。実際に、ヘイグループのこれまでの研究や観察からは、イノベーティブとされる企業であればあるほど、上下間での情報流通が活発に行われているという結果が出ています。そしてまた、この上下間の情報流通の量は、組織の構造や意思決定プロセスといった、いわば「ハード要因」よりも、むしろ企業風土や文化といった「ソフト要因」によって大きく左右されることもわかっています。

ここでひとつ、組織内における「上下間の風通しの良さ」が、意思決定のクオリティにどのような影響を与えるかについて、深い示唆を与えてくれる事例を紹介します。

＊大韓航空801便の悲劇

1997年8月5日、事故調査委員会の残した記録によると夜7時過ぎ。その5時間後に墜落炎上することになる、大韓航空801便のコクピットクルーである機長、副操縦士、航空機関士の三名は、空港の運航管理センターで顔を合わせ、人生最後となるフライトブリーフィングを行っていました。その後、8時30分に同機は空港ゲートを出発、順調にグアムへの飛行を続け、翌6日午前1時半前にグアム国際空港へ向けて降下を開始します。残されたフライトレコーダーには、このタイミングで乗務員が遠くに灯《あか》りを確認していることが残されています。

航空機関士「あれはグアムの灯りですかね?」
機長　「グアムだよ。やっと着いたな」

しかし、結果から言えばこの灯りはグアムのものではありませんでした。この時点で空港はまだ30キロ以上も先で、空港の灯りは見えるはずもなかったのです。しかし、このタイミングで機長は「視認進入する」と宣言します。

「視認進入する」ということは計器飛行ではなく、主に視覚に頼って着陸を行うということです。ジャンボジェットが離着陸するような大型の空港には通常、着陸を支援するためのガイドが設置されています。基本的にはどれも指向性誘導電波を用いることで、航空機に滑走路との相対的な位置を把握させる仕組みになっています。機長が宣言した「視認進入する」とはつまり、このガイドに頼らず、目視によって着陸を行うということです。

機長のこの宣言のあと、数分のあいだ続いた沈黙の後で、副操縦士と航空機関士は独り言のような奇妙な発言を残しています。

午前1時17分31秒　副操縦士　「もっと雨が降ってそうだな、空港のエリアは」
午前1時25分47秒　航空機関士　「機長、気象レーダーはとても有用ですね」

これらのコメントに対して、機長は反応していません。その後、機長からはこのような命令が発せられます。

午前1時41分48秒　機長　「ワイパーをオンに」

ワイパー!?　そう、この日グアム空港周辺には雨が降っていました。今、読者の皆さんはこう思っているでしょう。「雨が降っている中、視認着陸?・」と。おそらく副操縦士も航空機関士もそう思ったのでしょう。副操縦士はすぐにこう言っています。

午前1時41分58秒　副操縦士　「滑走路が見えますか?・」

機長は滑走路を探しますが、視認できません。その直後、「地上まで500フィート（約150メートル）」という電子音声の地上接近警戒警報が流れます。視認着陸のアプローチの最中、地上からわずか150メートルの高さを飛んでいるにもかかわらず、滑走路を視認できていないのです。

午前1時42分19秒　航空機関士　「だめだ、視認できない」
午前1時42分20秒　副操縦士　「視認できない。ゴーアラウンド(*28)」
午前1時42分22秒　航空機関士　「ゴーアラウンド」
午前1時42分23秒　機長　「ゴーアラウンド」
午前1時42分26秒　衝撃音とともにテープ終了

同機は、グアム国際空港の1キロほど手前の熱帯植物の茂った台地に激突。機体は1キロほど樹木をなぎ倒しながら横滑りして石油パイプラインを切断します。最終的に谷間に突っこんで炎上し、乗客乗員254名のうち228名の命が失われました。

（＊28）着陸復行ともいう。着陸アプローチを中止し、再度上昇してから再び着陸を行うこと。

＊事故を起こし続けた大韓航空機

1970年代から1990年代後半にかけて、20年もの間、大韓航空は事故の多さで世界中に悪名を轟かせていました。

1978年　大韓航空ボーイング707型機がソ連領空を侵犯、ソ連防空軍の迎撃機による銃撃を受け、不時着

1980年　大韓航空ボーイング747型機がソウルで墜落

1983年　大韓航空ボーイング747型機がソ連領空を侵犯、ソ連防空軍の迎撃機に撃墜

１９８７年　大韓航空ボーイング707型機が工作員の仕掛けた爆弾によりミャンマー沖でされる
１９８９年　大韓航空ＤＣ10型機がリビアで墜落空中分解
１９９１年　大韓航空ボーイング727型機がパイロットのミスにより大邱《テグ》国際空港に胴体着陸
１９９４年　大韓航空エアバスＡ300型機が済州《チエジユ》島に墜落

航空機事故の悲惨なイメージが催す認知バイアスにより、われわれは一般に飛行機をとても危険な乗り物だと考えがちですが、実際に事故に遭遇する確率は非常に低いことがわかっています。アメリカの国家運輸安全委員会（ＮＴＳＢ）の調査によると、航空機に乗って死亡事故に遭遇する確率は０・０００９％となっています。一方で、たとえばアメリカ国内において自動車事故で死亡する確率は０・０３％となっていますから、飛行機事故で亡くなる可能性はその33分の１以下ということになります。この確率は、８２００年間毎日無作為に選んだ航空機に乗って一度事故に遭うか遭わないかという確率ですから、普通に考えて「まずない」ことだと言っていいでしょう。ところが先述した通り、われわれは「飛行機はとても危ない」という認知バイアスを持っています。その結果、たとえば２００１年９月のアメリカ同時多発テロ事件の後、アメリカ人の多くが民間航空機による移動を避けて自家用車による移動を選択したために、同年の10月から12月までのアメリカでの自動車事故死者数は前年比で千人以上増加しています。

この確率――つまり乗っている飛行機が墜落して死亡する確率は、航空会社では「機体損耗率」と定義しています。一般に、先進国のエアラインの機体損耗率は0.2～0.3程度の数値に収斂《しゅうれん》します。これは300万回から500万回のフライトに一度の割合で事故のために機体を損失するという計算です。対して、80年代から90年代にかけての大韓航空の機体損耗率は４・７9でした。これは、一般的な航空会社の15～20倍程度の確率で、機体を事故により失っていることを意味します。つまり、この時期の大韓航空というのは、ただでさえ危険と思われている飛行機にグルグル巻きに輪をかけて危なっかしいと考えられており、乗る人からすればちょっとしたロシアンルーレット(＊29)のようなものだったわけです。

この事態を受け、当時運航パートナーシップを締結していたデルタ航空とエールフランスは契約を白紙に戻し、韓国に数千人の部隊を駐留させていたアメリカ陸軍は隊員による大韓航空の利用を禁止。挙げ句の果てに、金大中大統領は大統領専用機を大韓航空からライバルのアシアナ航空に切り替え、大韓航空のメンツは丸潰れとなりました。

（＊29）ロシアンルーレット（Russian roulette）は、リボルバー式拳銃に一発だけ実包（弾薬）を装填し、適当にシリンダーを回転させてから自分の頭（特にこめかみ）に向け引き金を引くゲーム。弾丸が入っていると予想した場合、天井に向けて引き金を引くことも可能とされるが、不発の場合無条件で負けとなる。

＊航空機事故はなぜ起こるか？

なぜ、大韓航空機だけが立て続けに事故を起こしたのでしょうか？　当時の関係者もそのように考え、国際的な検証委員会による根本的な原因の究明が行われました。

さて、そもそも航空機はどのような原因で事故を起こすのでしょうか。

これまでの調査によると、じつに様々な要因によることがわかっています。たとえば、航空事故を専門に追跡するPlaneCrashInfo.comが１９５０年から２００４年までに起こった民間航空事故２１４７件をもとに作った統計によると、事故原因の内訳は以下の通りとなっています。

37％　操縦ミス
33％　原因不明
13％　機械的故障
7％　天候
5％　破壊行為（爆破、ハイジャック、撃墜など）
4％　操縦以外の人為的ミス（不適切な航空管制など）
1％　その他

また、ボーイング社が行っている航空事故の継続調査では、1996年から2005年までに発生した民間航空機全損事故183件のうち、原因が判明している134件の内訳は以下の通りとなっています。

55％　操縦ミス
17％　機械的故障

13％　天候
7％　その他
5％　不適切な航空管制
3％　不適切な機体整備

つまり、原因不明の場合を除けば、航空機事故のざっくり半分は、パイロットの操縦ミスによって発生しているということです。そして、1970年代から1990年代において立て続けに起こった大韓航空機の事故も、やはりごく一部の例外を除いてパイロットのミスによるものでした。

しかし、読者の皆さんはここでこう考えるはずです。「パイロットは定期的な訓練と厳しい試験を受け、操縦技術の維持向上を義務づけられているはずだ。そんなパイロットが、どうして操縦ミスをこれほどの頻度で犯すのだろうか？　しかも、それが同じ航空会社で立て続けに起こるということはどういうことなのだろうか？」と。

＊コクピット＝最も小さな組織

パイロットのミスは、知識や操縦技術の巧拙によって発生しているのではなく、多くの場合コクピット内のチームワークとコミュニケーションに起因するということがわかっています。ここで読者の皆さんに質問してみましょう。

なぜ飛行機のコクピットの操縦席は二つあるのでしょうか？

タクシーでもバスでも電車でも、ほとんどの公共交通機関の運転席は単座（運転席がひとつ）になっていますが、すべての旅客機のコクピットは複座（操縦席が二つ）になっています。それは旅客機は、二人の人間の技量・注意力・判断力が統合されて初めて安全な運航が可能になるという前提によって設計されているからです。ところが、航空機事故のほとんどは、この前提が守られていないために発生しているのです。

たとえば、片方が明らかなミスを犯しているにもかかわらず、片方がそれに気づかない。あるいは、機長の命令を副操縦士が聞き間違えたり勘違いしたりして誤った対応をしてしまう。あるいは、機長か副操縦士が明らかなリスクの存在に気づいているのに、それを相手に伝えない。

そして、大韓航空機で続けざまに発生した事故の原因として委員会から指摘されたのが、この最後の「片方が明らかなリスクの存在に気づいているにもかかわらず、それをもう一方に伝えていない」ケースでした。

コクピット内においては、機長と副操縦士（と航空機関士）のチームワークとコミュニケーションが何より重要になります。これはつまり、航空機の運航品質は経営管理の品質と同様に、「そこに参加する人たちの人間関係の基本的なあり方に大きく左右される」ということを意味します。人間関係の基本的なあり方——つまりコクピット内を包んでいる「空気」がとても重要な論点だということです。

もう一度ここで801便のコクピット内の会話を思い出してみましょう。目視による着陸を宣言した機長に対して、しばらく沈黙を守っていた副操縦士と航空機関士は、次のようにわれわれからは不可解な発言をしています。

午前1時17分31秒　副操縦士　「もっと雨が降ってそうだな、空港のエリアは」
午前1時25分47秒　航空機関士　「機長、気象レーダーはとても有用ですね」

これは独り言なのでしょうか？　それとも何らかの気づきを促すための注意だったのでし

ようか？　この二人が亡くなってしまった今となってはわかりません。ただ、確実に言えるのは、気象レーダーの監視を受け持つ航空機関士が、雨を降らす雲の存在を確認しており、目視での着陸は非常に難しいであろうということを理解していたということです。おそらく副操縦士も気づいていたのでしょう。彼らは、本当はこう言いたかったはずなのです。

副操縦士　「この雨では視認着陸は難しいと思います。計器着陸にしましょう」

航空機関士　「気象レーダーを見る限り、視認着陸は無理です。計器着陸にしましょう」

とても明確な意見具申です。ところがこのように言えなかった。言えない「空気」がコクピットを支配していたからです。

事故調査委員会は、一連の大韓航空機の事故は、このコクピットを包む「空気」に原因があるということを最終的な理由として指摘しました。

＊副操縦士より機長のほうが事故率が高い理由

コクピット内の「空気」が、どのようにして操縦のクオリティを悪化させるかというメカニズムをよりよく理解してもらうために、航空機事故に関する「ある傾向」を共有したいと思います。

通常、旅客機では機長と副操縦士が職務を分担してフライトします。もちろん、一般的には操縦技術や状況判断能力の面で、機長のほうが副操縦士より格段に優れています。しかし、過去の航空機事故の統計分析の結果は、機長自身が操縦桿を握っているときのほうが、はるかに墜落事故が起こりやすいことを示しているのです。

これは一体どういうことなのでしょうか？　本来、技量も判断能力もより高いレベルにある機長が操縦桿を握っているときにこそ事故が起きやすいという事実は、非常に人を困惑させます[＊30]。

ここで旅客機は「二人の人間が同時に働くことで初めて正常に機能する」前提のもとに設計されているという、先ほどの話を思い出してください。コクピット内における意思決定のクオリティを高めるためには、お互いの行動や判断に対して相互チェックし、もしそこに問題があるようであれば異議を唱えるということが必要となります。副操縦士が操縦桿を握っている場合、上役である機長が副操縦士に対してそうすることは、ごく自然にできることだと考えられます。つまり、副操縦士が操縦桿を握っている場合、動いている「腕」は一人分かもしれませんが、働いている「脳みそ」は二人分になるということです。

一方、逆のケースではどうでしょうか？　機長が操縦桿を握っている際、部下である副操縦士は機長の行動や判断に対して異議を唱えられるでしょうか？　もし、思うところがあったとしてもそれを口に出して意見具申できなければ、動いている「腕」も働いている「脳みそ」も一人分でしかないということになってしまいます。しかし、前述した通り、旅客機はそもそも二人分の脳と腕で運行されることを前提に設計されている。

そして、まさにその点こそ事故調査委員会がフォーカスを当てて検討した論点でした。彼らは、様々な角度から事故を検証した結果、機長に対して異議を唱えられるのかどうかは、その人が所属している文化圏によって決まると結論づけました。「アメリカ人なら反論できるけど、韓国人にとってそれはとても難しいことだった」というのが彼らの結論です。

そして、ここまで読んだ読者の方はこう思うはずです。

「では日本人なら？」――と。

(＊30) 大手エアラインを例に取れば、副操縦士から機長への昇格には通常10年程度の経験が必要になる。

＊権力格差指標＝「上司に反対しにくい度合い」

事故調査委員会の結論は、「目上の人に対して、反論したり意見具申したりすることの難しさは、その人が所属する文化圏＝国によって異なる」というものでした。アメリカ人にとってそれは比較的容易なことかもしれませんが、韓国人にとってはとても難しかった。

この「目上の人に対して反論したり意見具申したりする」行動に対する心理的抵抗の度合いをオランダの心理学者ヘールト・ホフステードは権力格差指標＝ＰＤＩ（Power Distance Index）と定義しました。

ホフステードは、もともとマーストリヒトにあるリンブルフ大学の組織人類学および国際経営論の研究者でした。１９６０年代初頭において、すでに国民文化および組織文化の研究の第一人者として国際的に著名だったホフステードは、ＩＢＭからの依頼を受けて１９６７年から１９７３年の６年間にわたって研究プロジェクトを実施しました。その結果ＩＢＭの各国のオフィスにおいて、管理職と部下の仕事の仕方やコミュニケーションが大きく異なること、それが知的生産に大きな影響を与えていることを発見しました。ホフステードは多くの項目を含む複雑な質問表を作りあげ、長い年月のうちに各国から膨大な量のデータを回収し、様々な角度から「文化的風土がもたらす行動の差異」についての分析を行っています。

その後の彼の論考のほとんどは、このときの研究を何らかの形でベースとしています。

今日、文化的多様性のマネジメントは、多国籍企業だけでなくあらゆる規模の企業にとって重要な問題となりつつありますが、１９６０年代の段階でＩＢＭが問題意識を持ち、大規模な調査研究プロジェクトを行っていたという事実には驚かされます。

グローバルビジネスの台頭により国境を越えた提携や合併の増加、あるいは人材の移動が頻繁となりつつある現在、企業は様々な民族的・文化的背景を持つ人々を抱えて事業を推進しています。

その結果、多くの企業において「文化に対する感受性とマネジメント」が重要な論点として浮上しつつあります。２０１２年に発生したインドにおけるスズキ工場労働者の暴動を挙げるまでもなく、文化的問題を無視あるいは軽視することは、企業活動に致命的なインパクトを与えかねません。企業文化やマネジメントの方法を現地の文化に合わせることが求められるわけですが、この状況下においてホフステードの研究は文化的差異を理解するための枠組みを提供してくれます。

具体的には、ホフステードは文化的差異に着眼するにあたって、「権力の格差」「個人主義対集団主義」「男性らしさ対女性らしさ」「不確実性の回避」という四つの「次元」を定義しており、今日これらは「ホフステードの四次元」として知られています。

＊権力格差の大きな国・日本

ホフステードが指摘した四つの次元のうち、事故調査委員会が注目したのが「権力の格差＝社会的不平等への対応の仕方」でした。ホフステードは権力の格差を「それぞれの国の制度や組織において、権力の弱い成員が、権力が不平等に分布している状態を予期し、受け入れている程度」と定義しています。たとえば、イギリスのような権力格差の小さい国では、人々の間の不平等は最小限度に抑えられ、権限は分散する傾向が強まります。また、部下は上司が意思決定を行う前に相談されることを期待し、特権やステータスシンボルといったものはあまり見受けられません。これに対し、権力格差の大きい国では、人々の間に不平等があることはむしろ望ましいと考えられていて、権力弱者が支配者に依存する傾向が強まり、中央集権化が進みます。

以上のように、権力格差の違いは、職場における上司・部下の関係性のあり方に大きく作用することになります。

端的にホフステードは「権力格差指標の小さいアメリカで開発された目標管理制度のような仕組みは、部下と上司が対等な立場で交渉の場を持てることを前提にして開発された技法であり、そのような場を上司も部下も居心地の悪いものと感じてしまう権力格差指標の大きな文化圏ではほとんど機能しないだろう」と指摘しています。(＊31)

ホフステードによれば、先進7カ国の権力格差指標は以下の通りとなっていて、こちらも想像に難くないことですが、やはり日本のスコアは相対的に上位に位置しています。

フランス：68
日本：54
イタリア：50
アメリカ：40
カナダ：39
旧西ドイツ：35
イギリス：35

調査委員会で問題になったのも、この権力格差指標でした。

同リストでは韓国の権力格差指標は60となっており、やはりかなり高いスコアになっています。ホフステードは、権力格差指標の高い国では「上司に異論を唱えることを尻込みしている社員の様子がしばしば観察されており」「権力格差の大きい国では、（中略）部下にとって上司は近づきがたく、面と向かって反対意見を述べることは、ほとんどありえない」と同書の中で指摘しています。大韓航空801便の副操縦士と航空機関士がどのような「空気」に包まれていたか、上記のホフステードの説明を読んだわれわれには容易に想像することができます。そして、ホフステードの研究結果を見る限り、彼らを取り巻いている「空気」はわれわれ日本人を取り巻いている「空気」とそれほど違うものではないということです。

（＊31）G・ホフステード『多文化世界　違いを学び共存への道を探る』有斐閣、P35より

＊映画『ジョーズ』とリーダーシップ

ホフステードは、権力格差の大きい日本のような国では、人々の間に不平等があることはむしろ望ましいと考えられており、権力弱者が支配者に依存する傾向が強く、中央集権化が進むと指摘しています。たしかに日本では、社会や経済が停滞状況に陥ると「リーダー待望論」が噴出するばかりで「自分は何をできるか」という論調にはなかなかなりません。要するに「なんとかしてくれ」と騒いでいるわけで、これはホフステードが指摘するところの「権力弱者が支配者に依存する傾向」の証左と考えられます。

ホフステードが指摘したこれらの傾向は、国別のリーダーシップ概念のあり様にも大きな影響を及ぼすことになります。この点を最も端的に示しているのが、各国の映画に見られる「リーダーシップの描かれ方」でしょう。たとえばアメリカのパニック映画にはアメリカなりの「リーダーシップのあり方」が共通して表現されていて興味深い。

例として、スティーヴン・スピルバーグ監督の『ジョーズ』を取り上げてみましょう。

海沿いの平和な田舎町の浜辺に、女性の遺体が打ち上げられます。ロイ・シャイダー演じる警察署長は死因を「サメによる襲撃」ではないかと考え、ビーチを遊泳禁止にしようとしますが、夏の観光で成り立つ町の有力者はこれを拒否。そうこうしているうちに、対応の遅れから、別の少年がサメに襲われます。

少年の両親がサメに賞金をかけたことで事態は公となり、アメリカ中から賞金目当ての人々が押し寄せて町は大騒動となります。その対応に追われるなか、警察署長はサメの専門家である海洋学者を呼び寄せて捜査協力を求めます。海洋学者は最初の遺体を検視し、非常に大型のサメの仕業であると断定します。

その後、中型のイタチザメが捕らえられ、町中は「事件は解決した」と安堵しますが、海洋学者はイタチザメの口のサイズが遺体に残る噛み跡より小さいことから、別のサメである可能性を指摘。念のため、サメの消化器官の内容物の確認を提案しますが、市長はこれを拒否してしまいます。

納得できない警察署長と海洋学者はその夜、秘密裏にサメの腹を検分し、人を食べた痕跡がないことを確認します。その後、海洋学者の所有する調査船でサメの探索に出た二人は、サメに襲われたと思《おぼ》しき漁師の遺体を発見します。

翌朝、二人は市長に「犯人は巨大なホオジロザメであり、すぐにビーチを閉鎖する必要がある」と申し出ますが、利益を優先したい市長は、再度これを拒否し、海開きを強行。その結果、ついにサメが多数の観光客を襲うという最悪の事態が発生してしまいます。一刻の猶予もないと考えた警察署長は地元のサメ漁の名人を雇い、かくして警察署長、海洋学者、サメ漁師の三人はサメ退治のために大海原へ乗り出します。しかし、現れたホオジロザメのサイズは、彼らの予想をはるかに上回る巨大なものでした。三人と巨大ホオジロザメの死闘が始まります。

ううむ。書いていてワクワクしてくるほど見事なプロットですね。構造主義的にこの映画を分析してみると、ストーリーを構成する主な要素は「迫りくる脅威（＝巨大なホオジロザメ）」「権力者（＝市の有力者）」「リーダー（＝警察署長とその仲間）」の三つであることがわかります。

ここでのポイントは、

1．とてつもない脅威が迫りつつある

2．脅威の接近に気づいたリーダーが立ち上がり、危機を回避しようとする
3．本来リーダーであるべき権力者は、無能で組織を救えない

という点です。

この「利発な現場が危機に気づいてリーダーシップを発揮」し、「本来リーダーであるはずの権威が、リーダーシップを発揮できない」という対比構造は、『ダイ・ハード』などハリウッド映画の中に繰り返し現れる構造です。

こういった一連のハリウッド映画が観客に提起しているのは、「権威は必ずしも正しいリーダーではない。リーダーとは危機意識を持って自ら動き出す人のことである」という批評であり、もっと突き詰めて言えば「自ら動け、それがリーダーだ」というメッセージです。

＊映画『ゴジラ』とリーダーシップ

ところがこの構造は日本ではまったく逆さまになります。

日本のパニック映画と言えばまずは『ゴジラ』ということになりますが、ゴジラを退治する芹沢博士は政府筋から依頼を受けて出動するわけで、そこでは権威とリーダーシップが密

接につながっている構造が見られます。つまり、ストーリーを構成する主要因子が「迫りくる脅威」と「リーダー＝権力者」の二つしかないのです。

この構図は、たとえば「ウルトラマン」でも同様に観察されます。「ウルトラマン」では、政府によって設立された科学特捜隊の隊員がそのままウルトラマンになって怪獣を倒す構造になっていますので、やはりここでも「リーダー」と「権力者」が一体となっていますね。

これは他にも数多くのパニック小説を残した小松左京でも同様で、『日本沈没』では大地震の到来を予言した物理学者と日本政府がタッグを組んで国民を救うというシナリオになっています。やはりここでも「リーダー」と「権力者」は屈折せずに一直線につながっている構造になっているのです。

先ほどの対比の構造でこのストーリーを整理すると、

1．とてつもない脅威が迫りつつある

2．脅威の接近に気づいた権威＝リーダーが立ち上がって危機を回避するつまり、日本のパニック映画では、「お上」はいつも正しく、パワーがあり、困ったときには助けてくれる存在として描かれているということです。日本のパニック映画によく用いられるこのストーリー構造では、「自分が危ないと思ったら自ら立ち上がって動け、それがリーダーだ」という批評性、あるいは「権威が本当にきみを救ってくれるリーダーなのかどうかはわからない、よく見聞きし、本物のリーダーについていく正しいフォロワーたれ」という批評性は、完全に抜け落ちています。

ここで先ほど、権力格差指標の高い文化圏についてホフステードが残した記述を確認してみましょう。

ホフステードは、権力格差指標の高い国では「人々の間に不平等があることはむしろ望ましいと考えられており、権力弱者が支配者に依存する傾向が強く、中央集権化が進む」と指摘しています。ホフステードのこの指摘と、『ゴジラ』をはじめとした日本のパニック映画に見られるハリウッド映画との構造的な差異は、日本など権力格差指標の高い文化圏では、権力と対峙する形でのリーダーシップが生まれにくいということを示唆しています。

われわれ日本人は、「権威」と「リーダーシップ」を一体のものとして認識してしまうという奇妙な性癖を持っています。しかし、リーダーシップは本来、権威によって生まれるものではありません。それは責任意識によって生まれるものです。日本企業の組織診断を行っていると「自分には権限がないので」ということをよく口にする管理職がいるのですが、ではその人は権限を手に入れたら何かを始めるのでしょうか？　僕はそうは思いません。今日、自分の判断で動き出さない人は、明日、権力を手に入れたとしてもやはり動き出さないでしょう。

先述したように、ハリウッド映画でリーダーシップを発揮することになる登場人物は、大きな権限を持っていない組織の下層に位置する人たちでした。この人たちは、自らの権限を超え、問題意識や危機意識に突き動かされて、止むに止まれずリーダーシップを発揮してしまうわけです。しかし、考えてみれば、これは過去の歴史において偉大なリーダーシップを発揮した人々、たとえばマザー・テレサやキング牧師、マハトマ・ガンジーや坂本龍馬などを見ても同じですよね？　彼らは社会的な意味で権力を持つ地位にあった人々ではありません。ただ、自らの問題意識に基づいて世界に向けて耳を澄まし、目を凝らし、手を差しのべ続けたのです。

ところが日本では、リーダーシップを発揮する人はしかるべき権力者であることが多い。みんなが分をわきまえ、組織の下層にいる人が「自分にはその権限がない」と思って動かないからです。しかし、そのようにして周囲が口を閉ざしてしまった結果、大韓航空の801便は墜落してしまいました。あの事故の際、コクピットという小さな組織で起こったことが、現在の日本でも同様に、企業内のチーム、あるいは会社、さらには社会でも起きている。そう考えてみれば、権限の有無に縛られることなく、自らの問題意識に基づいてリーダーシップを発揮して発言・行動するということがいかに重要なことなのか、わかっていただけるでしょうか？

＊権力格差とイノベーション競争力

２０１２年７月にＩＮＳＥＡＤ(＊32)が発表した国別イノベーション指数のトップ５は上から順にスイス、スウェーデン、シンガポール、フィンランド、イギリスとなっていますが、これらの国々の権力格差指標が非常に低い(＊33)のは単なる偶然ではないと筆者には思えるのです。両者のランキングの相関は、「組織内での自由闊達な意見のぶつかり合い」がイノベーションの促進にとって重要だということを示唆しているように思われます。一方、先述した通り日本人は、世界の中でも相対的に「目上の人に対して自由に意見を言う」ことに対して抵抗感を覚える度合いが高い。

前節で紹介した科学史家トーマス・クーンが指摘しているように、イノベーションは「年齢が非常に若い」か「その分野に入って日が浅いか」のどちらかの人材によって牽引されることが経験的にわかっています。つまり、クーンは日本語で言うところの「若造」か「新参者」によってこそイノベーションは成し遂げられる、と指摘しているわけです。しかし、権力格差の大きい日本において「若造」と「新参者」は、最も声を圧殺されがちな人々と言えます。

ここに日本が抱えている「大矛盾」があります。

これらの事実、つまり「日本人は、目上の人に対して意見したり反論したりするのに抵抗を感じやすい」という事実と、「多くのイノベーションは組織内の若手や新参者によって主導されてきた」という事実は、日本人が組織的なイノベーションにはそもそも向いていないということを示唆しています。日本の組織（営利・非営利を問わず）においては、何かイノベーティブなアイデアを思いついたとしても、それを組織内で提案したり意見したりしにくい「空気」があるということです。ここに、個人としては最高度に発揮される日本人の創造性が、組織になると必ずしも発揮されなくなってしまう大きな要因のひとつがあるのです。

図1　1955年の人口ピラミッド

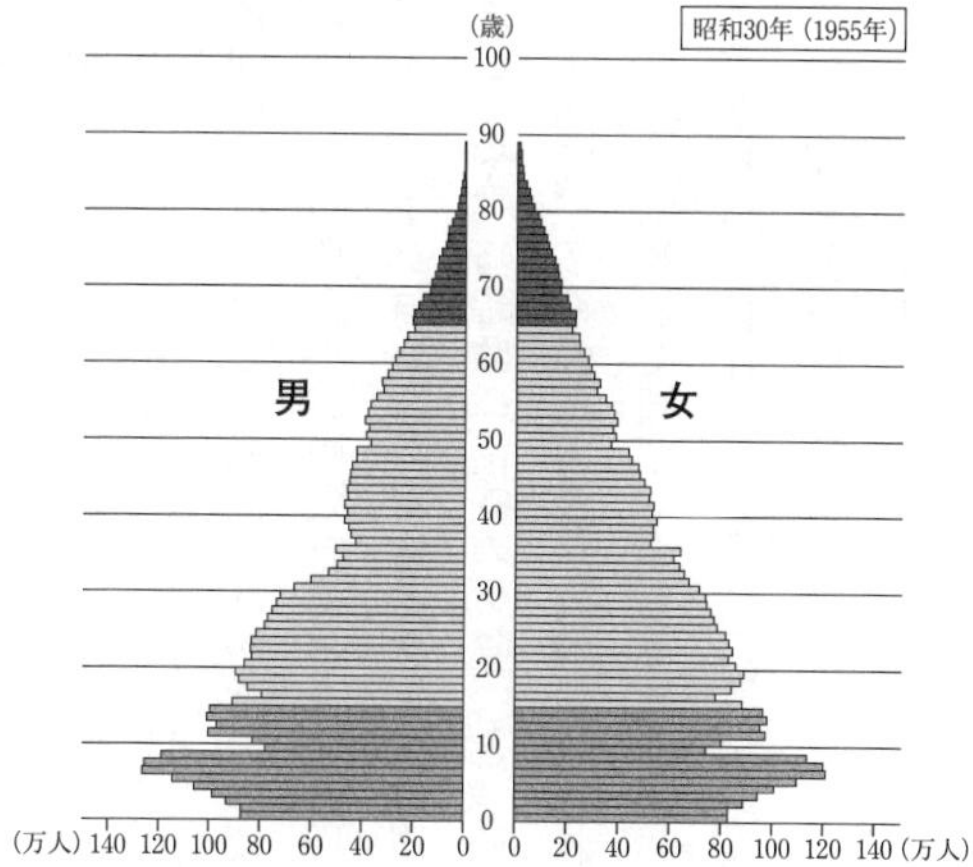

出所：総務省統計局ホームページ

（＊32）フランスのフォンテーヌブロー、シンガポール、アブダビにキャンパスを持つ経営大学院。

（＊33）G・ホフステード『多文化世界　違いを学び共存への道を探る』によると、各国のスコアは以下の通り。スイス＝34、スウェーデン＝31、フィンランド＝33、イギリス＝35（シンガポールについては記載なし）。

＊「見晴らしの悪い」現在の人口構造

さらに、この二点に加えて指摘しておきたいのが組織の年代構成の問題です。まずは1955年の人口ピラミッド（図1）を見てください。

一見して、イノベーションの推進を担う30代を中心とした若手の人口に対して、50～60代の人口が少ないことがおわかりいただけると思います。一定以上の規模を持つ企業や非営利組織の多くが、この人口ピラミッドに相似した年代構成であったであろうことを考えれば、当時の企業組織の多くは比較的若手層が厚くて上層部が少ない、いわゆる「見晴らしのよい」人口構成であったことが窺われます。

ホフステードが指摘するように、日本人が目上の人に対して反論したり意見したりすることに強い抵抗を感じる傾向があったとしても、実際に目上の人間の絶対数が少ない、あるいは資源動員の意思決定権限を持つ上位管理職までの階層が少ないのであれば、その傾向が実際にイノベーションを阻害するケースは現在よりも少なかったでしょう。

ましてや、当時は「権威の失墜」と「価値観の大転換」がもたらされた終戦からまだ間もない時期で、多くの権力者が公職追放されていた時代です。つまり、１９５０年代という時期は、権威に対して媚《こ》びへつらう傾向が強い日本人の特性が例外的に希薄になった時期だったと言えるかもしれません。この「上が薄い人口構成」と「既存権威の失墜という社会状勢」が、高度経済成長期におけるイノベーションの加速要因になったということは十分に考えられることです。

一方、図２は２０１０年の人口ピラミッドです。

一見して、イノベーション推進の中心となる30歳以下の層が薄く、50～60代の層が厚いと

図2　2010年の人口ピラミッド

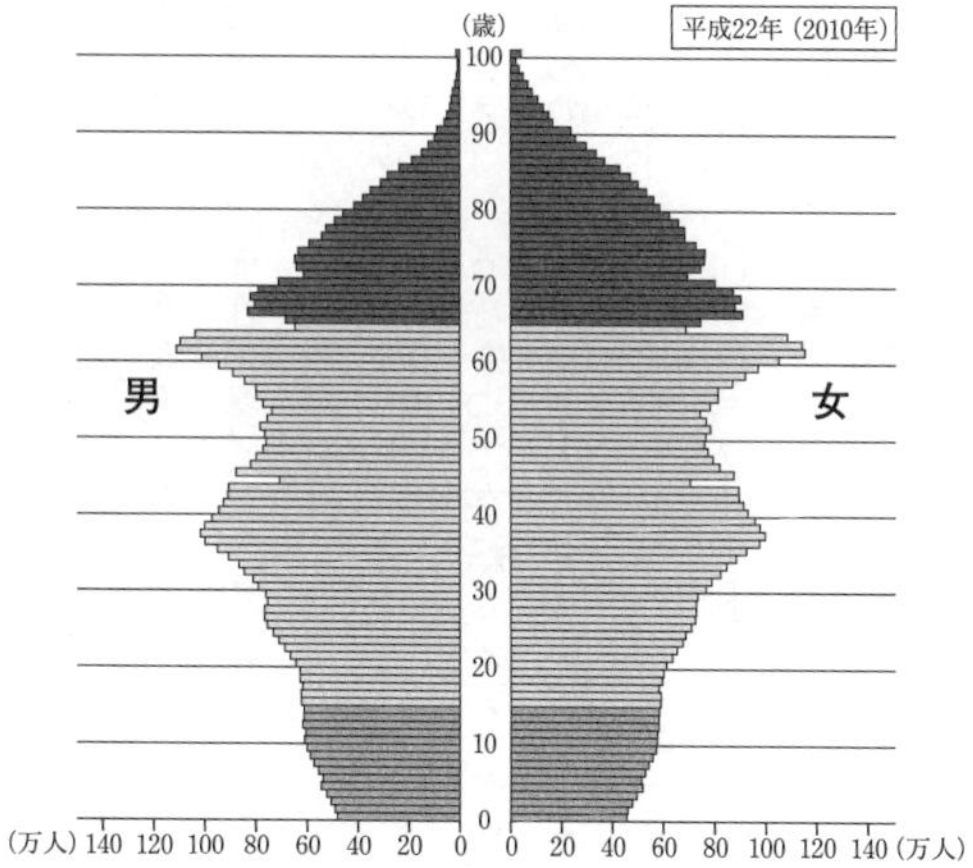

出所：総務省統計局ホームページ

いう構造がわかります。この異常な人口構成が、多くの企業や非営利組織でのそれに相似していると考えれば、現代の企業組織の多くが、いわゆる「見晴らしの悪い」人口構成になっていることが窺われます。目上の人に意見したり反論したりすることに強い抵抗を感じる（＝権力格差指標の高い）日本社会において、この「下が薄くて上が厚い」組織構造は、極めて大きなイノベーションの阻害要因になると考えられます。

＊シニアに「王様は裸」と言えるか

「下が薄く、上が厚い」日本の組織にとって「泣きっ面に蜂」とも言えるのが、いま現在進行しているデジタル化やグローバル化という非連続な事業環境の変化です。

なぜなら、こういった大きな環境変化が起こると、シニア層がずっと蓄積してきた知識やノウハウの多くが急速に無価値になるからです。高度経済成長からバブル期までのように、それまでの事業のやり方や勝ちパターンが大きく変化しない時代においては、現場で培ってきた経験やスキルの多くは、組織の上位管理職になった際に大きな武器となったでしょう。しかし、今多くの産業では、ほんの10年前に通用したスキルや方法論が急速に陳腐化するということが起こっています。

たとえば筆者がかつて在籍していた電通を取りあげてみるとわかりやすい。

ほんの15年前まで、広告キャンペーンの多くは、テレビ／新聞／雑誌／ラジオの4マスメディアが主体でとてもシンプルなものでした。ところが、現在ではソーシャルメディアやネット広告、自社のウェブサイトといった有料・無料のメディアを複合的に組み合わせ、その間でいかに情報流通量を高めるかという極めて複雑なことを考えなくてはならない状況になっています。率直に言って、10年前の業務知識や経験はほとんど価値がないでしょう。

組織内においてシニア層が薄い時代であれば、これは大きな問題とならなかったかもしれません。しかし、先ほど確認した人口ピラミッドでもわかるように、今現在の日本はむしろシニア層がボリュームゾーンになっています。このボリュームゾーンの人たちが培ってきたスキルや経験が、急速に陳腐化しているわけですから、これは国家的にとても大きな損失が日々発生しているということなのです。

かつてバブル経済崩壊後、多くの不動産物件の価格が急落して「不良資産」というレッテルを貼られ、社会のお荷物となったことがありました。この不良資産の一掃に多くの金融機関は四苦八苦し、そのために貸し出しが活性化せず、これが経済再生の足かせとなったというのが一般的に言われる「失われた十年」の構造要因ですが、今現在の日本で起こっているのは「スキルやノウハウの不良資産化」だと言えます。多くの企業ではバブル期入社より上の「分厚い世代」を高コストで抱える構造になっていますが、彼らが培ってきたスキルやノウハウのほとんどは今後10年程度で無価値になり、対処を怠れば間違いなく不良資産化することになります。

このような時代においては、人は常に知識を時代に合わせてアップデートし、自分の持っているスキルやノウハウの陳腐化を防ぐことが求められます。

ここでカギになってくるのが、組織の下位層から上位層へのフィードバックです。組織の上位層のスキルや認識が時代遅れになることを防ぐためには、上位役職者に向かって「あなたの知識は時代遅れになってきていますよ」と指摘する若年層、平たく言えば「王様は裸ですよ」と言ってくれる若手が必要なわけです。

「裸の王様」はデンマークの童話作家ハンス・アンデルセン(＊34)による19世紀の童話ですが、この童話が世界中で親しく読まれるようになったということは、この物語が揶揄している「権力者とそれに仕える人」の関係に巣食う滑稽な非合理性が世界的な普遍性を持っていることを示唆しています。

たしかに、権力格差を数値化すれば、若手が上司に対して反論するという行為への抵抗感には文化圏で差があることがわかっていますが、それは必ずしもある文化圏の人にとって「上司に楯突く」という行為がいとも容易なのだということを意味するわけではありません。結局のところ、世界中の多くの人にとって「上司にモノ申す」というのは、程度の差こそあれ抵抗感のある行為なのです。したがって、上位の立場にある人間は、下位の立場にある人間がフィードバックを与えてくれることを待っていてはいけません。むしろ積極的に、下位の人にフィードバックを与えるように求めるリーダーシップが必要になってくるのです。

(＊34) ハンス・クリスチャン・アンデルセン (Hans Christian Andersen、１８０５年4月2日 - １８７５

年8月4日）は、デンマークの代表的な童話作家・詩人。デンマークでは、Andersen が非常にありふれた姓であることから、フルネームを略した H. C. Andersen と呼ばれる。

*「組織風土」を変えるしかない

ここで一度整理しておきましょう。

まず、トーマス・クーンの指摘する通り、イノベーションの推進において主導的な役割を果たすのは、組織における「若手」か「新参者」であることが多い。

次に、日本人は、組織内の目上の人に対して反論したり意見したりすることに心理的な抵抗を感じる度合いが、他の文化圏よりも相対的に強い組織風土を持っている。

そして最後に、現在の日本ではイノベーションの主導役となることを期待される若手を、シニア層が数のうえで大幅に上回っており、どの組織でもシニア層が分厚くなっている。

この三つの事実は、イノベーションの促進という観点について、我が国が大きな矛盾を抱えていることを示しています。

この大矛盾のリンクを解こうとする場合、改善可能なのは「組織風土」しかありません。トーマス・クーンの指摘は客観的な事実で曲げようがありませんし、独裁国家でもない日本で、頭でっかちの原因となっているシニア層を終戦直後のように徹底的に追放するのも難しいでしょう。結局、消去法で考えれば、改善のためにフォーカスすべきポイントは「組織風土」しかないということです。

では、どうやってこれを変えられるか？　ポイントは、組織構成員の言動を変えられるかどうかという、その一点にかかっています。上下間での情報流通がなかなか起こらないというのが問題の本質ですから、対処法はシンプルに言えば、組織の下層の人間は上層部に対してモノを申し、上層部の人間は、下層の人間のモノ言いに対して耳を傾けることができればいいということになります。そして、これができる組織とできない組織とでは、意思決定のクオリティに雲泥の差が出るのだということを教えてくれるのが、次に紹介するＮＡＳＡの事例です。

＊なぜスペースシャトルは落ち続けるのか

２００３年１月16日。この日、ケネディ宇宙センターから打ち上げられたスペースシャトル「コロンビア号」には、離床直後に剥離した断熱材が機体を直撃するというアクシデントが発生していました。２日後には、打ち上げ時の写真と高速ビデオ映像の詳細な分析が行われ、長さ54～69センチ、幅31～46センチの断熱材がバイポット（オービターと燃料タンクをつなぐ支柱部分）から剥離し、およそ時速700～800キロで主翼前縁を直撃したことがわかりました。エンジニアのロドニー・ローシャは、断熱材の直撃箇所の拡大写真を見て「（大気圏への）再突入の安全性について、強い懸念を抱いた」と後に述懐しています。この後、この問題を調査するための特別チームが編成され、ローシャはその共同委員長の一人に選ばれますが、関係者の多くはあまりシリアスに考えていなかったようです。

１９８１年の初フライト以来、これまでのシャトルのほとんどのフライトにおいて断熱材の剥離・衝突は発生していました。このため、関係者のほとんどは断熱材の剥離に慣れっこになっていたのです。しかし、今回の剥離アクシデントは二つの点でこれまでのものとは異なるとローシャは考えていました。

ひとつ目は、直撃した剥片の大きさです。これまでのフライトで発生した剥離は、ほとんどがせいぜいタイル大のものでしたが、今回の剥片は小柄なスーツケースほどの大きさがあります。かつてこれほどまでに大きな破片が機体を直撃したことはありません。ご存知の通り、衝突エネルギーは質量と速度の二乗に比例しますから（$E=1/2mv^2$）、剥片の質量がざっと20倍だとすれば衝突エネルギーは400倍になります。たしかにこれは「今まで大丈夫だったから」ですませられる数字ではありません。

二つ目が、直撃した箇所です。今回のトラブルでは、剥離した断熱材がシャトルの主翼前縁を直撃していますが、ここは再突入時に最も高温になる箇所です。再突入時のシャトルの表面温度は場所によって大きく異なりますが、最も高温になるのは機首と主翼の前縁で、その温度はおよそ1600度になります。また温度上昇のスピードも他の部位に比べて急激であり、したがって機体のほとんどを覆うセラミックでは耐えられないため、この部分だけ高価な炭素繊維複合材料のタイルが貼られています。この最も過酷な場所に、これまでのフライトではかつてなかったような巨大な剥片が直撃したのです。

打ち上げから5日経ち、経験豊富なリンダ・ハムが議長を務める定例の会合が開催されました。この委員会は、コロンビア号の飛行ミッションを統括し、飛行中に生じる問題への対応策を策定する責任を負っていました。(＊35) ここで、耐熱材の衝突に関する問題が取りあげられた際、議長のハムは「これは以前に何度も起きたことで心配するに足りない」と指摘します。

前述した通り、たしかに1981年のスペースシャトルの初飛行以来、ほとんどすべての飛行任務で断熱材の機体への衝突は発生していました。しかし、剥片の大きさやその直撃箇所にかかわらず、本来これは見過ごせないトラブルのはずでした。シャトルの基本設計要求には「射点上では外部燃料タンクの重要部分から剥脱物が生じてはならない。また、上昇時にはいかなる剥脱物も出してはならない」と規定されています。つまりそもそもの設計思想からして断熱材の剥離を前提としていないのです。しかし、この規定は第一回の打ち上げから完全に無視され、結果的にそれが大きなトラブルにつながらなかったために、エンジニアもフライトマネージャーも剥離した断熱材の衝突に慣れっこになっていました。

議長のハムは、この会合において、断熱材の衝突について「スペースシャトルがすでに軌道上にあり、我々にできることがほとんどない以上、飛行中の問題として扱うべきではなく、むしろ次のフライトへ向けて補修をどう進めるべきか、という問題として扱うべきだ」という意見を述べています。たしかに、たとえ断熱材の衝突が「飛行の安全」をおびやかすものであると判明しても、再突入の安全性を確保するためにNASAができることはせいぜい「お祈り」くらいしかありませんでした。

＊官僚的組織・NASA

一方、ローシャを委員長とする調査チームは、断熱材の衝突による損害を正確に把握するためには追加のデータが必要だという結論に達し、非公式ルートを通じて追加映像の撮影を国防総省に依頼します。この申請は具体的には、米国が保有するスパイ衛星を使って宇宙空間のコロンビア号の写真を撮影したいというものでした。しかし、正規ルートを通さずに国防総省へ直接依頼したことをNASA上層部は問題視し、最終的に前出のハム議長によって依頼は取り消されてしまいます。

なぜ調査委員会はNASAの公式ルートを用いて国防総省へ依頼しなかったのでしょうか？　事故調査委員会に対してローシャはこのように答えています。

「下っ端のエンジニアが直接に上層部に対して意見するなどということは、あり得ないことだという強い空気が、当時のNASAにはありました」(＊36)

NASAが、その「米国の宇宙計画の推進を担う」というフロンティアスピリットに溢れたミッションからは想像し得ないほどに官僚的で硬直的な組織だということはあまり知られていません(＊37)。極めて上下関係に厳格で、煩雑な手続きと厳しい規則にがんじがらめになっており、コミュニケーションは規定の厳格な指揮命令系統を通じて行うしかない。事故調査委員会で得られた証言からは、NASAでは通常、階級が2ランク以上開けばその間で直接的なコミュニケーションが行われることなく、また先任者や経験者への服従が強力な職場慣行となっていたことが窺われます。

最終的に、チャレンジャー号およびコロンビア号の二つの爆発事故を研究した社会学者のダイアン・ボーンは、この二つの事故を発生させるに至ったNASAの組織的な問題を以下のように説明しています。

「私が出席したあるNASAの会議で、ロドニー・ローシャとロジャー・ボジョレー（チャレンジャー号の事故が起きる前に、結果的に事故原因となったリングの安全性に懸念を表明したエンジニア）は、NASAの内部では『心配性のうるさいヤツ』というレッテルを貼られていました。いわゆる『オオカミ少年』ですね。だから彼らの意見はあまり信用してもらえませんでした。『またか、うっとうしいな』ということです。このような組織では、人の入れ替えをしても事故を防ぐことはできません。なぜならこれは個人の性格の問題ではなく、組織上の問題、文化の問題だからです。登場人物を変えてみても組織と文化が変わらない限り、やはり同じ事故が発生するでしょう」(＊38)

（＊35）コロンビア号の事故については、事故調査委員会による詳細な公式報告書が作成、公開されている。同報告書は、この事故の技術的な原因究明に留まることなく、その背後にある組織的要因を深く掘り下げ、この事故を発生させるに至った「ＮＡＳＡという組織に対する社会科学的な要因」についても説明しており、非常に興味深い。“Columbia's Final Flight,” Columbia Accident Investigation Board report. August 26, 2003. Washington D.C.

（＊３６）James Glanz and John Schawartz. “Dogged engineer's effort to assess shuttle damage,” The New York Times. September 26, 2003 より

（＊３７）ＮＡＳＡのこのような組織的特徴は80年代にシャトル計画が始まって以来顕著なものだが、一方で50年代から70年代にかけてのマーキュリー、ジェミニ、アポロ計画の時期にはあまり観察されない。これはＮＡＳＡの事故歴とも不思議な符号を見せている。マーキュリーからアポロ計画終了までの20年間、ＮＡＳＡは飛行中の死亡事故を一件も起こしていないが、シャトル計画以降は30年間で14名が死亡しており、顕著に事故率が高まっている。これは仮説だが、初期のＮＡＳＡスタッフはすべて他の職場を経験してから転職してＮＡＳＡに参加しており、それ故に生まれた多様性や年功の曖昧さが硬直化の防波堤になっていたのかもしれない。

（＊３８）D. Vaughan. 1996. The Challenger launch decision: Risky technology, culture, and deviance at NASA. Chicago: The University of Chicago Press

＊聞き耳のリーダーシップ

ここで問題になっているのは、組織における上下間の風通しであり、端的に言えばＮＡＳＡはとても権力格差指標の大きい組織だったということです。コロンビア号の事故が最終的

に防げたかどうかはともかく、事前に「重大な懸念」を持ったメンバーの多くは、それを組織の上層部に伝達することなく、不安を圧殺してしまいました。この事例は組織やリーダーシップのあり様について様々な角度から示唆を与えてくれます。

こういった組織においてリーダーは、自分の考えに対する反対意見が自分の目の前に突きつけられるのを待っていてはいけません。組織の中において、自分の考えは間違っているのかもしれないという思いを常に小脇に抱えて、自分のアイデアに対する反対意見を積極的に探し求めなければならないのです。尊敬されるリーダーから、自分のアイデアに対する反対意見や異なる発想を聞かせてほしいと頼まれれば、多くのメンバーは喜んでそれに応対してくれるでしょう。

ヘイグループは、50年以上にわたって全世界の企業でリーダーシップ開発の支援を行っていますが、部下に意見を促し、それに対して真摯に耳を傾けるリーダー、つまり「聞き耳のリーダーシップ」を発揮している程度は、組織成員のモチベーションやコミットメントと強い相関があることを把握しています。しかし、残念なことにＮＡＳＡにおいてはこの「聞き耳のリーダーシップ」を発揮しているマネジャーは少数派でした。最終的に、コロンビア号の事故調査委員会は、このように断定しています。

「この事故に関わったマネジャーの多くは、現場のエンジニアから危険性についての懸念を表明されていなかった以上、自分たちに過失はない、と主張している。しかし、これは要するに、危険性について意見を求めることも、注意深く話を聞くということもしなかった、ということであって、端的にリーダーシップの問題である」(＊39)

雑誌「アトランティックマンスリー」に掲載されたコロンビア号の事故に関する記事に、事故調査委員会の一人と議長だったリンダ・ハムとの会話が記載されています。これを読むと「聞き耳のリーダーシップ」という概念が、NASAの中にはほとんど存在しなかったということがわかります。

調査官　リーダーとして、あなたはどのような方法で反対意見を集めるのでしょうか？
ハム　誰かが反対意見を述べるときにはちゃんと聞いています。
調査官　ということは、反対意見を聞き逃すこともあるでしょうね？
ハム　いいえ。誰かが反対意見を述べれば、それに対してちゃんと耳を傾けています。
調査官　しかし、誰も反対意見を述べないときに、どうやって反対意見を集めるのですか？
ハム　……？

ハム女史は、調査官の最後の質問に対して明らかに困惑しています。おそらく「そんなことは考えたこともなかった」ということなのでしょう。

権力格差指標の大きいNASAのような組織では、リーダーが自分のアイデアや意見を述べれば、組織のメンバーにはそれにおもねるようにという強い圧力が必ずかかります。したがって、ここで重要になるのは、「指示・表明のリーダーシップ」ではなく「聞き耳のリーダーシップ」ということになります。権力格差指標の大きい組織では、ホフステードの言葉を借りれば「上司に意見具申することに極めて大きい抵抗を感じる」ため、リーダーは自分のアイデアをとりあえず伏せつつ、積極的に部下に対して本音の意見を表明させることが必要になります。これが「聞き耳のリーダーシップ」です。

日本のように権力格差指標の大きい文化圏では、「聞き耳のリーダーシップ」を組織の長が発揮できるかどうかが、大きく組織パフォーマンスを左右することになります。

（＊39）Columbia Accident Investigation Board Report. 2003. P170

＊アメとムチの有効性

創造性をより高めるためには「アメ」と「ムチ」のどちらが有効なのか、という問題はギリシア時代から議論されてきました。この問題を考えるために、1940〜1950年代に心理学者のカール・ドゥンカー(＊40)が提示した「ろうそく問題」を取り上げてみましょう。まず101ページの図を見てください。

「ろうそく問題」とは、テーブルの上にろうそくが垂れないようにしつつ、ろうそくを壁に付ける方法を考えてほしいというものです。この問題を与えられた成人の多くは、だいたい7〜9分程度で、102ページのアイデアに思い至ることになります。

つまり、画鋲を入れているトレーを「画鋲入れ」から「ろうそくの土台」へ転用するという着想を得ないと解けないということなのですが、この発想の転換がなかなかできないんですね。一度「用途」を規定してしまうと、なかなか人はその認識から自由になれないということで、この傾向をドゥンカーは「機能認識の固着」と名付けました。

考えてみれば、たとえばマジックインキなどは、ガラス製の瓶に入れられたフェルトに有色の揮発油がしみこんでいるので、物性としてはアルコールランプとほとんど同じです。で、実際に暗闇ではこれを立派にランプとして使うことが可能なわけですが、なかなか普通の人

にはそういう発想の転換ができないということを、ドゥンカーは証明しました。
さて、ドゥンカーの実験から17年を経て、ニューヨーク大学のグラックスバーグは、この「ろうそく問題」を、人間の若干異なる側面を明らかにするための実験に用い、そして興味深い結果を得ています。彼は、この問題を被験者に与える際、「早く解けた人には報酬を与える」と約束することで、アイデアを得るまでにかかる時間が際立って「長くなる」ことを明らかにしたのです。１９６２年に行われた実験では、平均で3〜4分ほど長くかかったという結果が出ています。
つまり、報酬を与えることによって、創造的に問題を解決する能力は向上するどころか、

むしろ低下してしまうということです。

実は、教育心理学の世界では、この他数多くの実験から、報酬、特に「予告された報酬」は、人間の創造的な問題解決能力を著しく毀損することがわかっています。有名どころではたとえばデシ[*41]、コストナー、ライアンが行った研究でしょう。[*42] 彼らは、それまでに行われてきた、報酬が学習に与える影響についての128件の研究についてのメタ分析を行いました。そして、報酬が活動の従事／遂行／結果のいずれに伴うものであるとしても、予告された報酬は、すでに面白いと思って取り組んでいる活動に対しての内発的動機付けを低下させるという結論を得ています。

デシの研究からは、報酬を約束された被験

者のパフォーマンスは低下し、予想しうる精神面での損失を最小限に抑えようとしたり、あるいは出来高払いの発想で行動するようになることがわかっています。

つまり、質の高いものを生み出すためにできるだけ努力しようということではなく、最も少ない努力で最も多くの報酬を得られるために何でもやるようになるわけです。加えて、選択の余地が与えられれば、そのタスクを遂行することで自分のスキルや知識を高められる課題ではなく、最も報酬が多くもらえる課題を選ぶようになります。

これらの実験結果は、通常ビジネスの世界で常識として行われている報酬政策が、意味がないどころかむしろ逆効果であることを示唆しています。つまり「アメ」は組織の創造性を高めるうえでは意味がないどころか、害悪を及ぼしているということです。

（＊40）カール・ドゥンカー（Karl Duncker、1903年2月2日‐1940年2月23日）は、ドイツの心理学者。

（＊41）エドワード・L・デシ（Edward L. Deci）は、アメリカの心理学者。現在はロチェスター大学心理学科教授。主に学習・動機に関する領域で大きな業績を残した。

（＊42）Deci, Koestner & Ryan, A meta-analytic review of experiments examining the effects of extrinsic rewards on intrinsic motivation, Psychological bulletin, 1999a

*「予告された報酬」は効かない

報酬と学習の関係についてはいまだに議論が収束しておらず、たとえばアイゼンバーガーとキャメロンのように、「報酬が内発的動機付けを低下させるという警告のほとんどは間違っている」と主張する論者もいます。(*43) ただ、少なくとも「予告された報酬が内発的動機付けを低下させる」とするデシの論考については、70年代から続いた議論を経てほぼ結着がついていると考えてもらってかまいません。

ところが不思議なことに、経営学の世界ではいまだに「報酬が個人の創造性を高める」という立場を取る論者が少なくありません。たとえばハーバード・ビジネス・スクールやロンドン・ビジネス・スクールで教鞭をとっていたゲイリー・ハメル(*44)は、イノベーションに関連する論文や著書の中でたびたび「桁外れの報酬」による効果について言及しています。

起業家は小物を狙ったりしない。彼らが狙うのは新興企業の株式である。革新的なビジネスと起業家のエネルギーこそ、革命の時代には頼りになる「資本」なのだ。アイデア資本家が、株主と同等の報酬を求めるのは当然だろう。彼らは、確かに短期間で大きな成功を狙うが、同時に自分の貢献に見合う報酬を要求するのだ。（中略）ビジネスで過去の延長としては考えられない斬新なイノベーションをなしとげたスタッフには、手厚く報いなければならない。斬新なイノベーションを実行すれば、会社がかならず手厚く報いることをスタッフに明確に知らしめる必要がある。

（ゲイリー・ハメル『リーディング・ザ・レボリューション』日本経済新聞社、P380より）

報酬政策のコンセプトに関して、ハメルがたびたび「お手本」として取り上げていたのがエンロン(＊45)でした(＊46)。ハメルは、同書においてこのように書いています。

年輪を重ねた革命家を生み出すためには、企業は報酬を、役職、肩書き、上下関係などから切り離して決めなければならない。実際にエンロンではそうしている。同社のなかにはアシスタントでも取締役を上回る収入を得ている者がいるのだ。

（同書P364より）

しかし、現在のわれわれは、エンロンや投資銀行で起こったこと、あるいは現在、多くの

ITベンチャーで起こっていることが、まさにデシの指摘する「本当に価値あると思うことではなく、手っ取り早く莫大な報酬が得られる仕事を選ぶようになる」という事態であったことをすでに知っています。エンロンがロケットのように上昇する株価を謳歌していたのは2000年代の初頭で、ハメルによる上記の論考が出されたのもその時期のことです。しかし、すでにその時点で、デシをはじめとした学習心理学者たちの報酬に関する研究結果は数十年来公にされており、少なくとも「予告された報酬」が、様々な面でその報酬の対象となる人々の創造性や健全な動機付けを破壊することは常識となっていました。

こういった初歩的な人文科学あるいは社会科学領域の知見が、社会に最も大きな影響力のある企業に対して発言力を持つ、経営科学の領域にほとんど活かされていない事実には、失望を通り越して困惑させられます。

ハメルが教鞭をとっていたハーバード・ビジネス・スクールやロンドン・ビジネス・スクールは高額の学費を取ることで知られていますが、高い学費を払わされた挙げ句、他分野ではとうの昔に誤りであることが明らかにされた手法を学ばされた学生はたまったものではないでしょう。

繰り返します。

人に創造性を発揮させようとした場合、報酬（特に予告された報酬）は、効果がないどころか、逆効果だということです。

（＊43）Eisenberger & Cameron, Effects of reward on intrinsic motivation - Negative, neutral, and positive: Comment on Deci, Koestner, and Ryan(1999), American Psychologist, 1999

（＊44）ゲイリー・ハメル（Gary Hamel、１９５４年－）は、アメリカの経営学者、コンサルタント。コア・コンピタンスの重要性を最初期に提唱したことで知られる。

（＊45）エンロン（Enron Corp.、２００７年3月にEnron Creditors Recovery Corp. に改称）は、アメリカ合衆国テキサス州ヒューストンに存在した、総合エネルギー取引とＩＴビジネスを展開した企業。２０００年度年間売上高１１１０億ドル（全米第7位）、２００１年の社員数2万１０００名という、全米でも有数の大企業であった。しかし、巨額の不正経理・不正取引による粉飾決算が明るみに出て、２００１年12月に破綻に追い込まれた。破綻時の負債総額は諸説あるが少なくとも310億ドル、簿外債務を含めると400億ドルを超えていたのではないかとも言われている。２００２年7月のワールドコム破綻まではアメリカ史上最大の企業破綻であった。

（＊46）さすがに最近はあまり取り上げていない。

＊セキュアベース

人に創造性を発揮させようとした場合、「報酬＝アメ」はむしろ逆効果になる。

では一方の「ムチ」はどうなのでしょうか?

結論からいえば、こちらも心理学の知見からはどうも分が悪いようです。もともと脳には、確実なものと不確実なものとのバランスを取る、一種のアカウンティングシステムという側面があります。何かにチャレンジするというのは不確実な行為ですから、これとバランスを取るためには「確実な何か」が必要になる。

ここで問題になってくるのが「セキュアベース」という概念です。

幼児の発達過程において、幼児が未知の領域を探索するには、心理的なセキュアベースが必要になる、という説を唱えたのはイギリスの心理学者、ジョン・ボウルビイ(*47)です。

彼は、幼児が保護者に示す親愛の情、そこから切り離されまいとする感情を「愛着=アタッチメント」と名付けました。そして、そのような愛着を寄せられる保護者が、幼児の心理的なセキュアベースとなり、これがあるからこそ、幼児は未知の世界を思う存分探索できるという説を主張したのです。

これを援用すると、「一度大きな失敗をして×印がついてしまうと会社の中で出世できない」という考え方が支配的な日本よりも、「どんどん転職・起業して失敗したらまたチャレンジすればいい」という考え方が支配的なアメリカのほうが、セキュアベースがより強固であり、幼児と同じように人は未知の世界へと思う存分挑戦できるという考え方が導き出されます。

つまり、人が創造性を発揮してリスクを冒すためには「アメ」も「ムチ」も有効ではなく、そのような挑戦が許される風土が必要だということ。さらにそのような風土の中で、人があえてリスクを冒すのは「アメ」が欲しいからではなく、「ムチ」が怖いからでもなく、ただ単に「自分がそうしたいから」ということです。

（＊47）ジョン・ボウルビィ（John Bowlby、１９０７年2月26日‐１９９０年9月2日）は、イギリス出身の医学者、精神科医。専門は精神分析学、児童精神医学。精神分析学に行動生物学（エソロジー）的視点を取り入れ、愛着理論をはじめとする早期母子関係理論を提唱した。

＊なぜ大企業のネットビジネスは失敗するのか？

検索エンジンやEコマース、動画共有サイトなど、現在ネット上で多くの人々が利用しているサービスのほとんどが20年前には存在しなかった新興企業によって提供されています。この状況を多くの人が当たり前だと思って受け入れていますが、これは考えてみれば不思議なことではないでしょうか？　なぜ、当時の大企業は莫大な富を生み出すことになったこれらのサービス提供の主要プレイヤーになれなかったのでしょう？

身もふたもない言い方ですが、結局のところそれは「競争力がなかったから」ということになるのでしょう。多くの人がすでに忘れてしまっていますが、当時の大企業は検索エンジンにもＥコマース事業にも挑戦し、そして敗れていったのです。たとえば、ＩＢＭは１９９６年に鳴り物入りでWorld Avenueなる電子商店街サービスを開始しましたが、莫大な損失を出して翌97年に撤退しています。楽天の三木谷さんが電子商店街のサービスを立ちあげると発表した際、多くのネットビジネス評論家が「バカだな、うまくいくわけないよ」と批判したのは、このＩＢＭの失敗事例に基づいたものでした。「あのＩＢＭですら失敗しているのに」という発想です。しかし今日、われわれは大企業によるネットビジネスのほとんどが失敗に終わっていることを知っています。

他にも、たとえばＮＴＴは１９９５年にはNTT Directoryなるロボット型(＊48)の検索サービスを開始しています。ヤフージャパンのサービス開始が１９９６年ですから、時期的に先んじていたのですが、企業価値を数百倍に高めたヤフージャパンとは対照的に、このサービスが大きな商業的価値を生み出すことはありませんでした。

また、これは単一企業による取り組みではありませんが、経済産業省は２００６年に「情報大航海プロジェクト・コンソーシアム」と銘打ち、グーグルを凌ぐ国産の検索エンジンを作るという壮大な計画をブチ上げました。50社ほどの民間企業を巻きこみ、300億円の国家予算を投入して3年以内にグローバルスタンダードに匹敵する検索エンジンを開発する計画でしたが、下馬評通りというべきか、残念ながら150億円ほどのお金を投じた3年目の段階で中止となりました。(＊49)

（＊48）クローラを用いる検索方式の総称。人力による検索方式＝ディレクトリ型に対して、ＷＷＷ上にある多数の情報を効率よく収集することができる。

（＊49）２０１３年９月21日現在、経済産業省のウェブサイトには一応報告書や議事録といったプロジェクトの残骸らしきものが掲載されている（http://www.meti.go.jp/policy/it_policy/daikoukai/）。ただし、このサイトの「情報大航海専用サイト」なるリンクをクリックしても、行き先のページは空白だった。大後悔。

＊好奇心の強さ

イノベーションの歴史をひも解くと、この「指令を受けたエリート」対「好奇心に突き動かされた起業家（アントレプレナー）」という戦いの構図がたびたび現れます。そして、多くの場合、本来であればより人的資源、物的資源、経済的資源に恵まれているはずの前者が敗れているんですよね。

ネットビジネスの立ち上げにおいてたびたび見られるこの「エリート」対「アントレプレナー」の戦いにおいて、なぜエリートは負け続けるのか？　もちろん様々な要因が作用しているわけですが、ヘイグループのこれまでの研究から示唆されるのは、「動機」の違いという問題です。

＊アムンセンとスコット

動機の問題を考えるにあたって、非常に象徴的な示唆を与えてくれるのがアムンセンとスコットによって競われた南極点到達レースです。20世紀の初頭において、どの国が極点に一番乗りするかは、領土拡張を志向する多くの帝国主義国家にとって大きな関心事でした。そのような時代において、ノルウェイのロアール・アムンセン（＊50）は、幼少時より極点への一番乗りを夢見て、人生のすべての活動をその夢の実現のためにプログラムしていました。たとえば、以下のようなエピソードに接すれば、その想いがいかに強く、徹底したものであったかがわかります。

・子供のころ、極点での寒さに耐えられる体に鍛えようと、寒い冬に部屋の窓を全開にして薄着で寝ていた。(＊51)

・過去の探検の事例分析を行い、船長と探検隊長の不和が最大の失敗要因であると把握。同一人物が船長と隊長を兼ねれば失敗の最大要因を回避できると考え、探検家になる前にわざわざ船長の資格を取った。

・犬ぞり、スキー、キャンプなどの「極地で付帯的に必要になる技術や知識」についても、子供のときから積極的に「実地」での経験を積み、学習していった。

一方、このレースをアムンセンと争うことになるイギリスのロバート・スコット(＊52)は、軍人エリートの家系に生まれたイギリス海軍の少佐であり、自分もまた軍隊で出世することを夢見ていました。当然ながらスコットには、アムンセンが抱いていたような極点に対する憧れはありません。彼はいわば、帝国主義にとって最後に残された大陸である南極への尖兵として、軍から命令を受けて南極へ赴いたにすぎないのです。したがって、極地での過去の探検隊の経験や、求められる訓練、知識についてもまったくの素人といってよいものでした。

さてこのレースの結果は、皆さんもご存じの通り、「圧倒的大差」でアムンセンの勝利に終わります。アムンセン隊は、犬ゾリを使って一日に50キロを進むような猛スピードであっという間に極点に到達し、あっという間に帰還してしまいます。当然ながら一人の犠牲者を出すこともなく、隊員の健康状態はすこぶる良好でした。

一方のスコット隊は、主力移動手段として期待して用意した動力ソリや馬がまったく役に立たず、最終的には犬を乗せた重さ240キロのソリを人が引いて歩く、という意味不明な状況に陥り、ついに食料も燃料も尽きて全滅してしまいます。

スコットの敗因については様々な分析が行われていますが、最大の失敗要因として多くの論者が共通して指摘しているのは「移動の主力手段を馬に頼った」という点です。アムンセンが犬ゾリ一本に移動手段をフォーカスしたのに対して、スコットは動力ソリ、馬、犬ゾリの三種類の混成部隊を考えていました。これらのうち、どれに決定するかの意思決定が難しかったので、三つ持っていってうまくいった手段にフォーカスするつもりだった、というのならまだわかります。しかし、この点についてスコットは非常に中途半端で、動力ソリについては修理する人間を連れていっていない、犬ゾリについては犬用の食料が旅程分用意されていない、といった有様でした。

結局は主力を馬にする予定だったのですが、寒さでまったく役に立たず、そのうえ、馬を維持するための馬草が膨大な荷物になっていて（動力ソリはもともとこの膨大な馬草を運ぶために用意されたがすぐに壊れてしまった）、これを運ぶだけで隊員のエネルギーが消耗されてしまいました。

＊慌てものの誤謬

スコットが犬ゾリを信用しなかったのは、かつて極地で予行訓練を行った際に、知識不足ゆえに犬を伝染病で全滅させた経験のためだと考えられています。たった一回の「たまたま」犬が役に立たなかった経験に基づいて、極地では「そもそも」犬は役に立たないと断定してしまったわけで、これは統計的品質管理で厳しく戒められている「慌てものの誤謬《ごびゅう》」の典型と言えます。

イノベーションの推進にあたって、この「慌てものの誤謬」が多くの組織で障壁となります。皆さんも何度か言われたことがあるのではないでしょうか？

典型的なのは「それは以前試してみたけど、うまくいかないんだよ。理由はいくつかあって……」という声です。先述した通り、楽天の三木谷氏が楽天を起業した際、多くの論者がこのビジネスモデルを批判しましたが、これらの論者が囚われていたのもまさに「慌てものの誤謬」だったということができます。そういう点からも、スコットという人は「新しいことをやる」のには向いていない人だったのかもしれません。

その他にも、準備不足（低温に弱い燃料タンクを用いたためにタンクが破損し、多くの燃料を燃料漏れで失った）や隊員とのコミュニケーションの取り方（アムンセンは常に隊員との対話を通じてその日のスケジュールやルートを決定していたが、スコットは常に自分ですべてを決定し、隊員がそれに反対意見を述べることを許さなかった）について指摘している分析もあって、どれもリーダーシップのあり様について深い示唆を与えてくれます。

しかし、ここで筆者が取りあげて考察したいと思うのは、「探検そのものの準備と実行の巧拙」ではなく、そもそもの「人選」に問題があったのではないかという論点です。

先述した通り、このレースは軍人エリートの家系に生まれ、自らもそうありたいと願うスコットと、幼少時より極地探検への憧れを抱き続け、人生そのものを一流の極地探検家になるためにプログラムしたアムンセンの間で争われました。そしてアムンセンの圧倒的な勝利に終わったのですが、ここで着目したいのは、この二人を駆り立てていた「動機」です。

（＊50）ロアール・アムンセン（Roald Engelbregt Gravning Amundsen、１８７２年7月16日 - １９２８

年6月18日?）は、ノルウェイの探検家。主に極地に挑んだ探検家として知られる。イギリス海軍大佐のロバート・スコットと人類初の南極点到達を競い、１９１１年12月14日には探検隊を率いて人類史上初めて南極点への到達に成功。また、１９２６年には飛行船で北極点へ到達し、同行者のオスカー・ウィスチングと共に人類史上初めて両極点への到達を果たした人物となった。

（＊５１）ちなみにノルウェイの首都オスロの12～2月の月間平均気温は氷点下3～4℃程度である。

（＊５２）ロバート・ファルコン・スコット（Robert Falcon Scott、１８６８年6月6日‐１９１２年3月29日）はイギリス海軍の軍人。南極探検家としても知られ、１９１２年に南極点到達を果たすが、帰途遭難、死亡した。

＊スポンサーや支持者の意向などおかまいなし

同じ「南極点到達」という目標に向かって活動しながら、彼ら二人は大きく異なる動機に駆動されていました。スコットの動機は、海軍から与えられたミッションを完遂し、高い評価を得て軍人として出世するという点にあったでしょう。軍人エリートの家系に生まれたスコットならではの動機で、これはこれでとてもわかりやすい。一方、アムンセンはどのような動機を抱いていたのでしょうか?

実は当初、アムンセンは南極点に関心を持っていませんでした。先述した通り、彼は幼少期より極点到達を夢見ていたわけですが、この極点とは現実的には北極点のことを意味していました。北欧の出身であるアムンセンにとって、極点とはあくまで北極点のことだったのです。したがって、彼の準備はことごとく「北極点に最初に到達する」ことを目的に進められており、スポンサーはもちろんのこと、船も、隊員も、すべて北極点に向かうことを前提に集められていました。しかし、いよいよ準備がととのい、北極に向けて出航という段になってアムンセンの耳に衝撃的なニュースが届きます。なんと米国の探検家、ロバート・ピアリーが一足先に北極点に到達し、ここに星条旗の旗をおっ立ててしまったというのです。一生を賭けて準備してきたのに、オーマイゴッド。

当然のことながら、スポンサーや隊員は、ピアリーがすでに北極点に到達した以上、二番手として北極点を目指すことに意味があるのか？　とアムンセンに詰め寄りますが、彼は「北極にはまだまだ調査が必要だし、むにゃむにゃ」と、それらの難癖をうっちゃり、素知らぬ顔で北極探検の準備を進めます。しかしこのとき、すでに北極点はアムンセンの眼中にありませんでした。彼は、スポンサーや隊員にはあくまで「北極に行く」と言い続けながら、心密かに、出航後に進路を変えて南極を目指すという一世一代の大ペテンに打って出ることを決意していたのです。

しかし、なぜアムンセンは事前に目標を北極点から南極に変更すると宣言しなかったのでしょうか？

この判断には政治的配慮が働いていたようです。当時、継続的に南極大陸に対して強い関心を示して調査隊を派遣していた英国に対して、他のヨーロッパ諸国は「先取権」という考えから遠慮する立場を取っていました。そのような中、アムンセンが探検の矛先を南極に変更するとなれば、これは当然外交問題に発展することになり、その結果、あれほど苦労して集めた多くのスポンサーや支持者が離反してしまう恐れがあります。これはアムンセンにとってまったく受け入れ難い事態でした。すでにスコットが南極点に向けて出発している以上、北極探査のためという名目で集められた資金、船、隊員をあきらめ、あらためて南極探査の準備を一から始めている時間はありません。このチャンスを逃したら、「極点一番乗り」という子供のときからの夢は、永遠にかなわないかもしれないのです。

このような背景から、アムンセンはあくまで「北極に行く」と言い続け、誰も手の届かない遠洋に出てから、ベロを出して進路を南極に切り替えるという荒技を選んだのです。

しかし考えてもみてください。政府を含め、様々な関係者を「北極点に行く」という、ただその一点だけを立脚点にして説得し、拝み倒して金と船と人手を集めた男が、誰に何の相談をすることもなしに、集めたそれらの資源を真反対の南極探検のために勝手に振り替えてしまったのです。まともな神経の持ち主なら「お前には誠意とか仁義といった観念がないのか!?」と思うでしょう。しかし、その後の探検日誌を読む限り、アムンセンには「やっちまった。帰ったら怒られるだろうな」といった後悔や懸念は一ミリも観察されません。この胆力はタダモノではない。

結局のところ、アムンセンにとってグチャグチャうるさい政府やスポンサーは、金さえ出してくれればどうでもいい相手だったということです。彼にとって目標はあくまで自分自身によって決まるものであって、他者から与えられるものではなかった。そして、その目標とは「人類初の極点到達者として歴史に名を残すこと」にあったのです。すでにピアリーに征服された北極点は、彼の眼中にはない。

これはアムンセンに同行する隊員も同じだったのでしょう。出航後間もなく、「目的地を北極点から南極点に変更する」というアムンセンの爆弾宣言に接して、船内からは歓喜の雄叫《おたけ》びが上がったと言います(自らの想いに根ざして行き先を示し、フォロワーを熱狂させるというリーダーシップの理想像がここに見られます)。

一方で、当然ながらアムンセンの転進を知ったイギリス政府とノルウェイ政府は腰を抜かすほど驚き、すでにオーストラリアに寄港して最終準備を進めていたスコットは、やがて的中することになる不吉な予感に囚われます。そして、その後のストーリーは先述した通りです。

*好奇心駆動型のアントレプレナーに敗れる課題優先型エリート

アムンセンは、様々な関係者から得た知識や資金や人材を、自分の目的に勝手に振り替えて蕩尽し、結果的にとんでもない成果を生み出したわけですが、これはイノベーターに共通して見られる行動様式と言えます。たとえば、東芝におけるノート型ＰＣの開発プロジェクトなどはその典型例でしょう。世界最初のノート型ＰＣを開発するにあたって、予算申請を上層部から却下された開発リーダーの溝口哲也氏（後に同社専務取締役）は、防衛関連のために組まれた予算とチームをネコババし、上層部には内密でノート型ＰＣの開発を成功させています。(*53)

筆者は、前著『天職は寝て待て』において、仕事には大きく「ミッションオリエンテッド＝課題優先型」と「キュリオシティドリブン＝好奇心駆動型」の二つがある、という指摘をしました。この枠組みをあてはめれば、スコットは典型的な「課題優先型」のエリートであり、アムンセンや溝口氏は典型的な「好奇心駆動型」のアントレプレナーであったと言えます。

そして、本書においてこれまでに取りあげてきた数多くの歴史的なイノベーションの事例を並べると、そこにはこのアムンセンとスコットの対決物語のような「好奇心駆動型のアントレプレナーに敗れる課題優先型エリート」という構図が繰り返し現れることに気づきます。

（＊53）このとき、「これ以上の小型化は不可能です」と音《ね》を上げる部下に対して、ふたを外したプロトタイプにコップ一杯の水を流しこみ、それを持ちあげて水が滴《したた》ってくるのを見せ、「見ろ、まだ隙間があるぞ」と溝口氏が発破をかけたのは有名な話。この逸話以外にも、筆者は様々なクライアントからこのような「密造酒」型のイノベーションの事例を伺っており、これが死ぬほど面白いのだが、守秘義務の関係からここには書けない。

＊動機と仕事のフィットが大事

個人の社会性動機のプロファイルと仕事の業績との間に強い相関があることを最初に明らかにしたのは、ハーバード大学の行動心理学教授だったデイビッド・マクレランド（＊54）です。マクレランドは、膨大な量の臨床経験から、職業のフィットや仕事の成果が、大きく三つの社会性動機に影響されることを突き止めました。その三つの社会性動機とは「達成動機」

「親和動機」「パワー動機」です。マクレランドの研究を受け継いだヘイグループは、現在これら三つの動機を以下のように定義しています。

①達成動機
設定した水準や目標を達成したい、という動機です。

②親和動機
他者と親密で友好な関係を築き、これを維持したいという動機です。

③パワー動機
自分の行為や存在によって組織や社会に影響を与えたいという動機です。

この三つの動機のうち、特に混乱しやすいのが達成動機とパワー動機の違いでしょう。この二つの動機の違いをイメージしていただくために、登山を題材にして次のような人物像を思い描いていただければと思います。

達成動機の高い登山家にとって、登山の目的はあくまで「目標の達成」にあります。その山に登頂することで名声が高まるとか、マスコミに報道されるとかいったことは本人にとってはどうでもいいのです。彼にとっては、自分が目標と定めた「その山」に登頂することこそが大きなモチベーションになっているのです。

一方、親和動機の高い登山家にとって、登山の目的は「仲間と一緒に事をなす」ことにあります。したがって、仲間からけが人や病人が出て、登山を断念せざるを得ないという状況が発生した場合、彼にとって登山を継続して独りで登頂することの動機付けは失われてしまいます。彼にとっては、仲間と一緒に山に登るということが大きなモチベーションになっているのです。

そして最後に、パワー動機の高い登山家にとって、登山の目的は、自分の達成によって社会にインパクトを与え、「尊敬と名声」を獲得することにあります。したがって、登頂そのものがいかに素晴らしいことであっても、誰も注目していないような山は彼のターゲットにはなりません。彼が狙うのは、登頂の成功によってマスコミが報道し、登山家としてのステータスと名声が高まる山です。彼にとっては、登頂によって社会にインパクトを与え、名声と尊敬を得ることがモチベーションになっているのです。

以上が、マクレランドが提唱した三つの社会性動機のごく簡単な説明です。

さて、マクレランドが社会性動機の研究を発表して以来、ヘイグループは50年以上にわたって世界中の企業のエグゼクティブや管理職の動機診断結果のデータを蓄積し、職務の内容と動機のプロファイルによる統計分析を行ってきました。その結果、組織を率いて大きなイノベーションを実現する管理職は、高いパワー動機を持っている傾向が顕著なことが明らかになっています。一方、一般に企業において高業績を上げる人材は高い達成動機を持っている傾向が、やはり明らかになっている。

ここに、人材配置上の落とし穴があります。

一般に、企業における大型のイノベーションプロジェクトでは、それまで高い実績を上げてきたエースが投入されるケースが多いでしょう。先述した通り、こういった「高業績を継続的に上げてきたエース」は、高い達成動機を持っているケースが多いことがわかっています。つまり、こういう人たちは先述した「課題優先型のエリート」だということです。

一方、先述した通り、ヘイグループの研究からは、大型のイノベーションに向けて組織を動かす人材は、達成動機よりもむしろ高いパワー動機を持っている傾向が明らかになっています。しかし、こういった人たちは必ずしも「課題優先型のエリート」ではありません。むしろ、言われたことをやるよりも自分の興味や関心にドライブされて仕事をやっているため、上司や経営幹部からは「扱いづらい」という評価を受けていることも多い。自分の興味関心に駆動されて仕事を勝手に創ってしまう人、つまり先述した「好奇心駆動型のアントレプレナー」タイプです。

現在、企業における人材配置は、職務の重要性と人材の能力をリニアな関係で捉えて、より重要性の高い任務に、より高い能力を有する人材をあてはめる、という単純な考え方が主流になっています。しかし、マクレランドおよびヘイグループのこれまでの研究結果は、任務と能力の関係はそのような単純なものではなく、能力の背後にある「動機」が大きく職務のパフォーマンスに影響を与えること、動機のプロファイルによって、活躍できる仕事の種類（課題優先型か好奇心駆動型かなど）は変わるのだということを示しています。

この研究結果はわれわれに二つのことを示唆しています。

ひとつは、課題優先型の仕事ばかりをやらせて、その中で活躍している人を長い時間かけて選り抜いていく、という現在の日本企業で主流となっている人材選抜のシステムでは、大きなイノベーションを実現できる人間を、知らず知らずのうちに淘汰してしまう可能性があるということです。こういった事態を防ぐために、企業は「課題優先型の職務」と「好奇心駆動型の職務」でバランスの取れたポートフォリオを形成し、会社が従業員に対して提供できる「経験の学校」のタイプが偏ることを防ぐ必要があります。

ハーバード大学のクリステンセンは、その著書『イノベーションへの解』において、次のように指摘しています。

安定企業が新事業を通じて成長を甦らせようとする際に直面するジレンマのうち、最も厄介なものの一つは、社内の「経験の学校」が、破壊的事業の立ち上げ方を教えるような「科目」をほとんど提供していないということだ。したがって、中核事業で求められる成果を一貫してあげてきて、役員から絶大な信頼を得ているマネジャーには、色々な意味で新成長創出の先導役は任せられない。

（クリステンセン『イノベーションへの解』翔泳社、P222より）

マクレランドとヘイグループの研究結果から得られる二つ目の示唆が、イノベーションの実現にあたっては、柔軟でダイナミックな人材登用が重要になるというものです。

先述した通り、社内で高い評価を継続的に受けてきたスコットのような「課題優先型のエリート」は、過去の歴史を見る限り、イノベーションの実現という文脈においては「好奇心駆動型のアントレプレナー」に敗れ去るケースが多い。であれば、われわれはイノベーションの実現を、それを自らやりたがる人に任せるべきだ、ということになります。端的に言えば、イノベーションは「言い出しっぺ」にやらせるほうがいい、ということです。

「経営の神様」と言われた松下幸之助は、リクルート創業者である江副浩正から「経営の要諦は何か」と問われて「人には得手不得手がある。誰に何をお願いするか、それを見極めるのが大事やなあ」と答えています。[*55] これは要するに「適材適所が大事だよ」と言っているわけですが、特にイノベーションの実現という文脈において「適材適所」は重要な論点として浮上してくる、ということです。

(＊54) デイビッド・マクレランド (David McClelland、1917年5月20日 - 1998年3月27日) は、アメリカの心理学者。ヘイグループの母体となった行動心理学の研究機関マクバーの創設者。動機のスコアリング手法を開発したことで知られる。

(＊55) 江副浩正『リクルートのDNA』角川書店より。

第三章　イノベーションの「目利き」

法の外側で生きたいなら、正直になれ。
ボブ・ディラン

ネットワーク密度の高さ

＊蓄音機のビジネスチャンス

イノベーティブな組織に共通して見られる特性として次に指摘したいのが、「社内外に広く濃いネットワークが形成されている」という点です。平たく言えば、イノベーティブな組織では、通常業務で情報交換をする相手以外の異なる部門や社外との間でも活発な情報交換が行われているのです。

しかし、なぜイノベーティブな組織では、社内外に広く濃いネットワークが形成されているのでしょうか？

これは、最終的には「イノベーションの目利き」に帰着する問題だと言えます。イノベーションの目利きとはつまり、アイデアの萌芽を見せられたとき、そのアイデアの持っている可能性をどれくらい正確に見抜けるかという「眼力」のことです。一般に、多くの管理職や経営者は「素晴らしいアイデアを見れば、誰だってすぐにその素晴らしさを理解できる」と考える傾向にありますが、過去の歴史をひもとく限り「イノベーションの目利き」は非常に難しいというのが実態なのです。

最初の例として蓄音機を取り上げましょう。今日の音楽産業の礎《いしずえ》となった蓄音機を発明したのはトーマス・エジソン(＊56)ですが、彼は蓄音器の用途を以下のように想定していました。

1. 速記者を必要としないで手紙を書く、または口述筆記する
2. 目の不自由な人のための音の本にする
3. 話し方の教育に用いる
4. 音楽を録音、再生する
5. 家族の記録として、家庭での肉声や遺言を録音する

6. オルゴールや玩具にする
7. 帰宅時間や食事時間を教えることができる
8. 発音を正確に録音し、保存できる
9. 教師の講義を録音し、ノート代わりの単語の記憶用として使う
10. 電話機を組み合わせ、通話を永久保存する

たしかに「音楽の録音、再生」は四つ目の機能として挙げられていますが、どうにも利用使途がはっきりしません。この軸足の定まらないリストから容易に想像されるように、エジソン自身は蓄音機というこの発明品をどのようにして商業化するべきか、かなり困惑していたようです。結局、エジソンは蓄音機を発明したものの、その直後に開発したずっと儲かりそうなアイデア＝白熱電球に関心を集中させ、蓄音機はほったらかしにされてしまいます。

エジソンの天才性は、発明のアイデアを生み出すことよりも、そのアイデアに商業的な価値を与える仕組み、今ふうに言うと「ビジネスモデル」を構築することにこそ発揮されたというのが後世の多くの歴史家の評価です。その「商業化の天才」であるエジソンですら、蓄音機の持っているビッグバン的な商業価値を見抜くことはできなかったのです。

（＊56）トーマス・アルバ・エジソン（Thomas Alva Edison、1847年2月11日‐1931年10月18日）はアメリカ合衆国の発明家、起業家。生涯でおよそ1300の発明を行い「発明王」と呼ばれる。研究所が置かれたニュージャージー州のメンロパークにちなんで、「メンロパークの魔術師」（The Wizard of Menlo Park）とも呼ばれた。またリュミエール兄弟と並んで映画の父とも言われている。またゼネラル・エレクトリック（GE）の創業者。

＊「電話機なんて売れません」

蓄音機の発明にまつわる上記のエピソードは、巨大な富を生み出すイノベーションの芽を見せられても、その可能性を見極めるのは極めて難しいということを示唆しています。これと同様の事例が、よく知られている電話機発明に関するエピソードでしょう。

電話を発明したのはアレクサンダー・グラハム・ベル（＊57）ですが、彼はやっと開発に成功した電話機の特許を、すぐに他者に売却しようとしてしまいます。どうして!? ベルは電話の発明者として歴史にその名を残しているわけですが、もともと通信事業そのものにはあまり関心を持っていなかったのです。彼が終生のテーマにしていたのは、「聾《ろう》教育」でした。ベルの母と妻が難聴者だったことはあまり知られていません。彼は、愛する人に対してコミュニケーションの豊かさを教えることに人生を捧げた人だったのです。電話を発明した当時のベルの肩書きは、「ボストン大学音声生理学教授」というものでした。

ベルは大学で鉄の薄板を人工鼓膜として活用することで、難聴を治癒するという研究に打ちこんでおり、これが電話機に振動板を用いるというアイデアにつながっていくことになったのです（この点は、異分野の知がイノベーションの源泉となるという現象のひとつの事例でもあります）。

このように、通信事業そのものにあまり興味がなかったベルは、当時アメリカ最大の電信会社であったウェスタンユニオン社に、自分が発明した電話機の特許を10万ドルで売却しようとします。しかし、なんとウェスタンユニオン社はこの申し出を断ってしまうのです。ウェスタンユニオンは、ベルの申し出に対して以下の返答を寄越しています。

〝貴殿の提案した電話機について、慎重なる検討を重ねた結果、この機器が電報を代替して通信手段になりうる可能性はまったくないという判断に至りました〟

ウェスタンユニオン社がベルに対して返答してから、たった5年の間に電話機は全米に5万台普及し、20年後には500万台に及びます。同じ期間に、ベルがウェスタンユニオン社に断られたために仕方なく自ら設立したAT&T社は、当のウェスタンユニオン社を追い抜いて全米で最も大きな会社に成長することになりました。

繰り返しますよ。ベルから特許売却の打診を受けた当時のウェスタンユニオンは、全米で、最も規模の大きい通信会社でした。当然ながら数多くのエンジニアや訓練された経営管理者を擁していたはずです。その彼らが、「慎重なる検討を重ねた結果」として、「遠く離れている人と話すことを可能にする」という、感情に訴えかけるとてもわかりやすい便益を提供するイノベーションの可能性を理解できなかったのです。


（＊57）アレクサンダー・グラハム・ベル（Alexander Graham Bell、１８４７年3月3日‐１９２２年8月2日）は、スコットランド生まれの科学者、発明家、工学者。世界初の実用的電話の発明者。電話以外にも様々な発明をしており、光無線通信、水中翼船、航空工学などの分野で重要な業績を残した。１８８８年にはナショナルジオグラフィック協会創設に関わったほか、生涯を通じて科学振興および聾教育に尽力した。

＊「映画に音は必要ない」

あるいはトーキー（音声付き映画）の例も同様です。

ご存じの通り、リュミエール兄弟が最初に映画を発明してからしばらくの間、映画は「音声なし」のフォーマット、いわゆるサイレント映画が主流でした。当時は技術が未成熟で音声フィルムと映像フィルムをシンクロさせられなかったのです。音声のない映画を観るためにわざわざお金を払って映画館に行くというのは今のわれわれからは想像しにくい状況ですが、1920年代当時の人々は熱狂したんですね。そして数多くの芸術が、その技術的制約ゆえに表現を洗練させたように、映画の世界でも「音声が伝わらない」というハンディを逆手にとって、むしろだからこそ可能な表現を用いた傑作映画が多数作られます。代表的なのはチャップリン(*58)の一連の作品でしょう。チャップリンは、技術的にはトーキー（音声付き映画）が十分可能になった1930年代以降もサイレントにこだわり続けました。

映画の世界に、トーキーというイノベーションが登場したのは1927年のことです。このアイデアは最初に当時のワーナーブラザース社長であったハリー・ワーナーに持ちこまれています。しかし、ここまで読まれた読者はもう想像できるでしょう。そう、なんとワーナーはこの申し出を断ってしまうんですね。ハリー・ワーナーは「世界に、俳優の声を聴きたいという人がいるとはどうしても思えない」というコメントをこのときに残しています。「音が出る」という便益は、「映画は無声」という別の常識が支配していた時代には、極めて理解しにくいものだったのです。

ここまで蓄音機＝自宅で音楽を聴く、電話＝遠く離れた人と話す、トーキー＝映画に音声を与える、という極めて価値のわかりやすいイノベーションを取りあげ、それらのイノベーションが当初はまったく評価されなかったという事例を紹介してきました。つまり、イノベーションの可能性に関する評価は、そのイノベーションがもたらすインパクトが大きければ大きいほど見抜きにくいという側面を持っているということです。

（＊58）チャールズ・スペンサー・チャップリン（Charles Spencer Chaplin、１８８９年４月16日‐１９７７年12月25日）は、イギリスの映画俳優、映画監督、コメディアン、脚本家、映画プロデューサー、作曲家。

＊ポイントは「多人数で目利きする」

ここで「ネットワーク密度」がポイントになってきます。イノベーションがもたらすインパクトを正確に見極めることは非常に難しい。したがって、一人による単視眼的な見方ではイノベーションの可能性を見逃してしまう場合があります。

図３のようにネットワークの密度が低く、思いついたアイデアをただ一人の上司が評価するという組織の場合、この上司がＮＯを出したイノベーションの種は葬り去られてしまうこ

図3　ネットワーク密度の低い組織

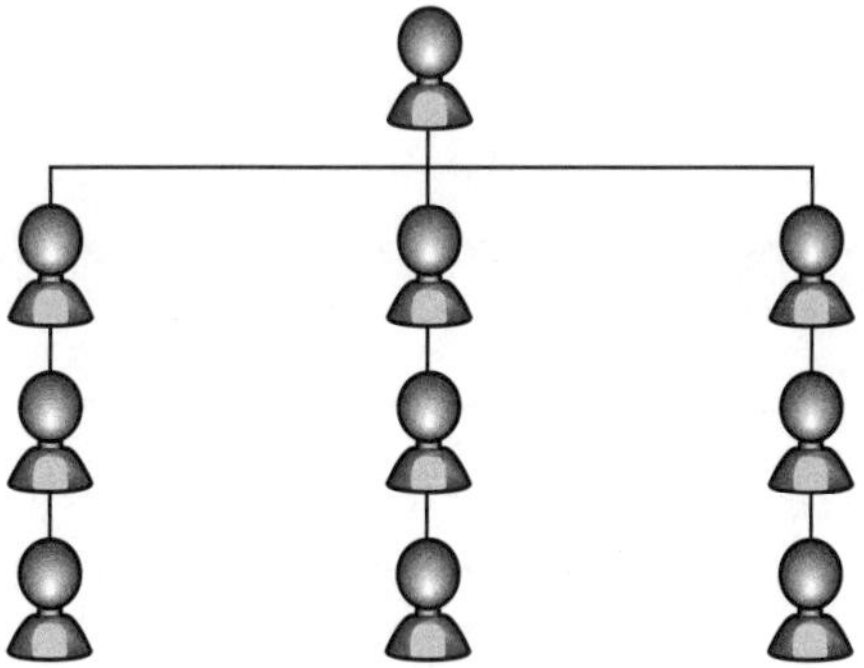

・ネットワーク密度＝20%
・直属の上司がイノベーションの可能性に気付かない限り、敗者復活戦（＝拾う神）はなし
・人材を多様化しても、イノベーションの花は咲きにくい

とになります。

一方、図4のようにネットワーク密度が高く、部門を超えて同僚や管理職に働きかけられる組織では、直属上司がたとえNGを出しても、他部門の誰かがそれを拾う可能性が出てきます。

たとえば、有名な3M社のポストイットの開発では、商業的ポテンシャルに否定的だった直属上司は開発にストップをかけたものの、他部門の部門長がその可能性を見抜いて商品化しています。花王のアタックは、やはり洗剤事業部の部長はNOを出したものの、当時の丸田社長がその可能性にかけてゴーサインを出したことで、イノベーションが実現しています。また今やファミリーカーの代名詞に

図4　ネットワーク密度の高い組織

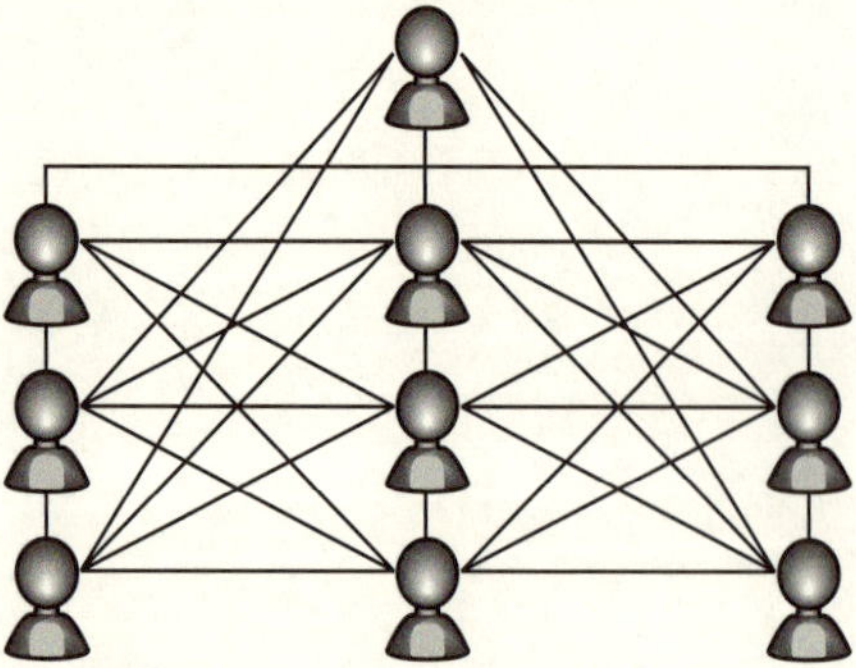

- ネットワーク密度＝62％
- 直属の上司がイノベーションの可能性に気付かなくても、様々なところへアイデアを持ちこむことが可能
- 人材の多様化を組織全体の「目利き力」に昇華可能

なりつつあるミニバンも、もともとはクライスラーで何度も否決された商品アイデアでしたが、技術者が転職したことで初めてゴーサインが出て開発に至っています。

イノベーションの可能性を見極めるのは非常に難しい。だからこそ、複眼的・多面的な検証が欠かせないのですが、ネットワーク密度の低い組織ではそれが難しいのです。

*「拾う神」を探せ

つまるところ、イノベーションの目利きというのは一種の「オーディション」だということです。オーディションでは「捨てる神あれば拾う神あり」と信じて粘り続けることが重要です。あのビートルズもＥＭＩと契約するまではデッカをはじめ、ことごとくオーディションに落ち続けました。革新的であるからこそ、目利きは難しい。そして、目利きが難しいからこそ「拾う神」が重要な役割を果たす、ということです。

これは歴史上の発見や発明のエピソードからも同様に示唆されることです。

たとえばコロンブス(＊59)によるアメリカ大陸の発見が典型例でしょう。コロンブスのこの航海が、カスティーリヤ(＊60)女王イザベル一世のスポンサードによって実現したことは大変有名ですが、彼は、カスティーリヤ王室以前にポルトガル王ジョアン二世にこの航海のアイデアを提案して拒否されています。加えて、カスティーリヤの王様であったフェルナンド二世（つまりイザベル一世のダンナ）にもコロンブスの提案は刺さらなかったようで、つまり何人かに提案した彼のアイデアに興奮したのは、イザベル一世ただ一人だけだったのです。

コロンブスはもともとジェノヴァの生まれですが、当時のジェノヴァには彼の計画を推進できるだけの富の蓄積がありませんでした。狙うべきは当時欧州随一の海洋国家であったポルトガルですが、これは先述した通り説得に失敗してしまう（計画そのものには乗り気だったのに、コロンブスが提案した取り分＝航海の利益の10％があまりにも法外だということで折り合えなかったらしい）。それではということで、当時植民地開拓の遅れに焦っていたカスティーリヤ王室へ働きかけ、ポルトガルを出し抜くチャンスですよ、とまんまと計画資金を引き出すことに成功したわけです（この動き方は、社内の様々な部門に働きかけて資金集めをするプロジェクトマネジャーそのままでしょ?）。

コロンブスのこうした動きは、当時欧州に形成されていた船乗り間のネットワーク密度がいかに高かったかということを示唆しています。実際にコロンブスは、もしポルトガル王室に続いてカスティーリヤ王室への提案にも失敗した場合に備えて、次なる提案先としてフランスとイギリスにもコンタクトをとっていました。

このコロンブスの事例は、不確実性が高く、目利きの難しい営みを実現するにあたっては、「拾う神」を辿《たど》るためのネットワークの密度が非常に重要であることを示唆しています。コロンブスが、ポルトガル王室、カスティーリヤ王室、そしてフランス、イギリスと「アイデアの持ち込み先」を次々と変えながら提案活動していたという構図は、先述した3M社で行われていることと基本的に同じです。アイデアを持っている人と、アイデアによって利益を得る人とを結びつけるネットワークの密度が、非常に重要だということです。

（＊59）クリストファー・コロンブス（伊：Cristoforo Colombo、英：Christopher Columbus、1451年

頃‐1506年5月20日）は、探検家・航海者・コンキスタドール、奴隷商人。定説ではイタリアのジェノヴァ出身とされる。大航海時代においてキリスト教世界の白人としては最初にアメリカ海域へ到達した。

（＊60）中世ヨーロッパ、イベリア半島中央部にあった王国。キリスト教国によるレコンキスタ（国土回復運動）において主導的役割を果たし、後のスペイン王国の中核となった。

＊窓を開き、外を眺めよう

イノベーションがもたらす可能性の評価は非常に難しい。であればこそ、多様な視点で多数の人たちが評価することが必要で、そのためには「組織のネットワーク密度」が重要な論点になってくることを様々な事例とともに説明してきました。

ここでひとつ注意を促しておきたいのが、「組織のネットワーク」とは、必ずしも組織内部のことだけを指していないという点です。組織成員とそのネットワークの問題を考えると、組織と外部とを隔てる「壁の内側」だけに意識が向かいがちです。しかし、ことイノベーションに関連して組織ネットワークを考察する際、ネットワークが外部に対してどれだけ開いているかも重要な論点となってきます。なぜなら、過去の多くの事例において、イノベーションの核となるアイデアは組織の外部からもたらされているからです。

一般的に、イノベーションを実現した人は、そのイノベーションを可能にしたアイデアを最初に生み出した人だと考えられがちですが、実際には、アイデアを生み出した人がそのままイノベーションを達成するケースはあまりありません。

たとえば、真空のバルブに通したフィラメントに電流を流すという電球のアイデアを思いついたのは、ハンフリー・デイビー(＊61)とジョゼフ・スワン(＊62)であって、トーマス・エジソンではありません。エジソンは、電線を通じて電気を供給するという全体システムも含めて、事業化を実現した人物ですが、電球のアイデアを創造したわけではないのです。

また同様に、１９８４年に発売されたアップルの初代マッキントッシュで採用されたグラフィカル・ユーザー・インターフェースやマウスといった新機軸のアイデアを生み出したのは、ゼロックスのパロアルト研究所やスタンフォード研究所のスタッフたちでした。スティーブ・ジョブズやビル・ゲイツはそのアイデアを盗み、実際に商品に仕立て上げて出荷することでイノベーションを実現したにすぎません。これは携帯型音楽プレイヤーの業界についても同様で、アップルがｉＰｏｄを発売する前からフラッシュメモリを用いた携帯音楽プレイヤーは存在していました。

こういった例は歴史上枚挙にいとまがありません。そもそもルネサンスの時代から歴史をひもといてみれば(＊63)イノベーションの体現者が萌芽となるアイデアの発案者であることは、実はほとんどないのです。(*64) 多くの事例において、イノベーションの核となるアイデアが組織の外部からもたらされているということは、情報流通をつかさどる組織のネットワークは、内部はもちろん外部に対しても開かれていることが重要なのだということを示しています。

（＊61）サー・ハンフリー・デイビー（Sir Humphry Davy、１７７８年12月17日 - １８２９年5月29日）は、イギリスの化学者、発明家。アルカリ金属やアルカリ土類金属をいくつか発見したことで知られ、塩素やヨウ素の性質を研究したことでも知られている。

（＊62）サー・ジョゼフ・ウィルスン・スワン（Sir Joseph Wilson Swan、１８２８年10月31日 - １９１４年5月27日）はイギリスの物理学者、化学者。

（＊63）ルネサンス以前には、アイデアの発案者の名前が残るということはほとんどなかった。創造は神の恩寵と考えられており、アイデアを生み出した人は、それを自ら生み出したのではなく、神によって吹き込まれたと考えられていた。

（＊64）逆もまたしかり。レオナルド・ダ・ヴィンチは、数多くの武器や道具のアイデアを発案したが、生涯にひとつとして実現できなかった。

＊なめらかな境界線＝オープンイノベーション

このように考えてみると、組織がいかに密なネットワークで外部と接続され「なめらかな境界」を形成できているかが、イノベーション促進の重要な論点となってきます。昨今よく話題になるオープンイノベーションも、基本的な概念としては外部のネットワークを高密度に組織内部にジョイントするという取り組みにほかなりません。

たとえば、化粧品や洗剤、トイレタリーといった一般消費財分野の巨人であるP&Gでは、それまで常識だった「社内に閉じた」研究開発を改め、2000年以降、新製品のアイデアを外部に求める取り組みを始めています。これまでのところ、その結果として研究開発の生産性は60%上昇し、近年では100件近い新製品を、外部から提供されたアイデアをもとに開発・リリースすることに成功しています。

他にも、巨大な研究開発部門を擁する多くの大企業が、組織外部のアイデアの活用を推進しています。アメリカの大手製薬会社イーライ・リリーがスタートさせた「イノセンティブ」もそれに該当すると言えるでしょう。

イノセンティブとは、研究開発上の課題を抱える企業が、自社内の研究者だけを活用するのではなく、インターネット上で世界中の研究者に呼びかけ、もっとも優れたソリューションを提供した研究者に報奨金を与えるというプラットフォームです。現在イノセンティブには150カ国で7万人の科学者が登録しているとのことですが、彼らの多くはさらに、ロシアやインドや中国といったエリアにおいて、高度に訓練された専門家による広範囲なネットワークに参加しており、課題を抱える企業と新興国の専門家とをつなぐ「ハブネットワーク」の役割を果たしています。

P&Gやイーライ・リリーによる取り組みの有効性は、ネットワーク効率の枠組みからも合理性を説明することができるかもしれません。アイデアを生み出す人材をプロセッサ、彼らをつなぐ組織をネットワークと考え、世界全体を「イノベーションを起こす情報処理システム」と考えた場合、最適な構造のあり方は情報処理コストと通信コストのどちらが相対的に高いかによって決定されます。通信コストがプロセッシングのコストより相対的に高い場合、イノベーションのアイデアを生み育てるプロセッシングは一カ所で行い、ネットワークを流通する情報の量をなるべく少なくして、そこで浮いたお金をプロセッシング（アイデアを出せる才能）に回すほうが全体の生産性は高まるでしょう。

一方、プロセッシングのコストが通信コストよりも相対的に高い場合、つまりアイデアを生み出せる才能が希少で、通信コストが劇的に下がった現在の社会のような状況では、プロセッシングは分散処理で行い、分散処理された情報を世界中から集めるというシステムのほうが合理的です。

このとき、ネットワークのクオリティは、組織の外部に向けてどれくらい広範囲に拡がっているかという「広さ」と、取りこんだ情報をどれくらい組織の内部に密に共有できるかという「密度」によって決定されることになります。すでに「密度」の問題については、様々な例を挙げて説明してきましたが、せっかく密度の高いネットワークを組織内に作ったとしても、そこを流通する情報の量が少なくては宝の持ち腐れになってしまいます。組織内における情報流通の質と量を高めようと考えた場合、組織内の「密度」と同時に、組織の外に向かった「広さ」にも目を配ることが必要です。

＊密度がもたらす副次的効果

本節ではこれまで、イノベーションの目利きという観点からネットワーク密度の重要性について言及してきましたが、すでに皆さんもお気づきの通り、ネットワークの密度は「多様なアイデアの融合」という観点でも非常に重要な要素となってきます。たとえば、ｅＢａｙの創業者であるピエール・オミダイアは、ことあるごとに「普段出会わないような人たち」と接して洞察を得ることの重要性について言及しています。

「意外な場所から出たアイデアを大事にしている」と彼はいう。「合い言葉的にするなら、『ＣＥＯより、郵便係と話したい』って感じかな。自分とは違う背景、考え方を持つ人とこそ出会いたい。とにかくいろいろな思考方式に触れたいんだ。決まった方法にとらわれず、まったく自由なやり方で、さまざまな方面からインプットを得ている」
（クレイトン・クリステンセン他『イノベーションのＤＮＡ』翔泳社、Ｐ133より）

オミダイアが指摘したこの種のネットワーキングについて、シカゴ大学の社会学者ロン・バートは、異なる社会的ネットワークの間に発生する構造的空隙＝社会的ギャップを橋渡しするものだと説明しています。バートは、アメリカの大手電子機器会社を対象にした調査から、以下のような事実を明らかにしました。それは、組織内で「管理職以外のネットワーク」を築いている管理職は、価値の高いアイデアを生み出しているという評価を一貫して受けているというものです。

この結果に対してバートは、「構造的空隙を埋めるつながりを持つ人は、多様で相矛盾することも多い情報や解釈にいち早く触れることができる。そのため優れたアイデアを発見し発展させるうえで、競争上有利な立場にある」と指摘しています。加えて、「自分の所属する集団とは別の集団と結びついている人は、自然と価値のあるアイデアを生み出し、傍目《はため》から は創造の才能があると思われていた。これは非凡な才能から生まれた創造性ではなく、いわば行動の結果として得られた創造性なのだ」ともつけ加えています。

多くの人がそのことに無自覚でいるのですが、われわれは、同じような学歴・収入・政治的態度を持つ人たち——つまり「自分と似た人」とコミュニケーションを取りたがるという非常によくない傾向を持っています。特に現在は、常に情報がオーバーフローした状態にあるため、情報処理能力に大きな負荷をかけるような認知的不協和につながる「自分と似ていない人」からのインプットは、どうしても遮断されがちになります。

たとえば、アメリカにおいて白人に人気のあるテレビ番組と、アフリカ系アメリカ人に人気のあるテレビ番組のランキングを比べると、両者に共通している番組はほとんどありません。逆に、アフリカ系アメリカ人のランキングトップ10のうち七つの番組が、白人の「最も不愉快な番組」ランキングで上位に入っています。

これはインターネット上のリンクについても同様で、同じような見解・政治的な立場を取るウェブサイトにばかりリンクが貼られ、逆の立場のウェブサイトにはリンクされない状況が発生しています。

もともとインターネットは、様々な意見や知見の収集を可能にすることで、「人間性の新しい地平＝ニュータイプ」をもたらすツールになることが期待されていたわけですが、現在はむしろそれを逆方向に押し進める役割を果たしているのです。インターネットが果たすこの「似た人ばかりで意見や見解を濃厚に煮詰めていく」という役割について、ハーバード大学の法学教授であるキャス・サンスティーン(＊65)は「民主主義の礎を危うくするもの」として警鐘をならしています。

一般に、インターネットはマスメディアに比較して民主的なメディアであるというイメージで捉えられていますよね。支配者がおらず、好きな情報を、好きな人が発信し、好きな人が受け取ることができる――というのがその理由なのでしょう。しかし、サンスティーンは「本当にそうだろうか？」という疑問を投げかけます。

彼の主張はこうです。

自分が予想もしなかったような思いがけない情報との接触は民主主義の礎をなすものだ。そのような「未知との遭遇」は、往々にして今まで考えたこともなかったようなトピックや視点を含んでおり、場合によっては不愉快なものとなることもある。しかし、これは似た者同士だけが凝集することで生まれる社会の断裂や過激化を防ぐためにも重要なことだ。また同様に、人々の間にある程度の共通体験が存在するということも必要だ。共通体験が少なくなればなるほど他者へ共感する能力は衰え、結果的に社会問題の解決は難しくなるだろう。現在進んでいるメディアテクノロジーの進化は、上記のこれら要件を劇的に悪化させ、米国の民主主義を危機にさらす可能性がある。

(Cass R. Sunstein, Republic.com 2.0, Princeton Univercity Press, 2009より。和訳は筆者)

サンスティーンが指摘するインターネットがもたらす民主主義への悪影響は、そのままイノベーションを推進しようとする組織にも適用できます。彼が指摘しているのは、同質性の高い人で構成された組織では、意思決定のクオリティは低下するということです。したがって、組織内のリーダーは同じ階層や職種にネットワークを固定するのではなく、階層間や職種間、組織の内外や上下へとネットワークの結節点を拡大していくことが重要になります。

TEDカンファレンスの創始者であるリチャード・ソール・ワーマン(＊66)が、もともとTEDを創設したのもこれと同じ理由でした。ワーマンは、テクノロジー、エンターテインメント、デザインといった領域の専門分化があまりに進んでいるのを見て、これらの領域が融合することで生まれる新しい可能性に思いを巡らします。そこで、１９８４年に様々な分野で活躍する人々が現在取り組んでいる新しいプロジェクトについて話し、共有する場としてＴＥＤカンファレンスを創設したのです。そして、この活動が世界に対してどれほど大きな貢献をしているか、現在のわれわれは知っています。

組織のリーダーあるいは組織開発の責任者は、常に組織の同質性、密度、広さに留意し、意識的に新しい情報が流通するための「仕掛け」を考え、行動し、発言することが求められます。

（＊６５）キャス・サンスティーン（Cass R. Sunstein、１９５４年9月21日 - ）はアメリカの法学者、ハーバード大学ロースクール教授。憲法学、行政法、環境法が専門。合衆国最高裁判所やマサチューセッツ州最高裁判所、アメリカ司法省へ勤務した後、１９８１年からシカゴ大学ロースクールおよび同大学政治学部で教鞭をとった。２００８年から現職。２００９年には行政管理予算庁の情報・規制問題室長を務めた。

（＊６６）リチャード・ソール・ワーマン（Richard Saul Wurman、１９３５年3月26日 - ）はアメリカの建築家、グラフィック・デザイナー。情報デザインや情報アーキテクチャといった、情報をわかりやすく表現する技術における先駆者とされている。80以上の書籍の執筆やデザインに携わり、ＴＥＤカンファレンスを創立した。

*仕組みでは意味がない

本節ではここまで、イノベーションの「目利き」は大変難しいため、それを多面的に評価するネットワークの密度と間口が重要になるという話をしてきました。こういう説明をクライアントにすると「では社内を流通する情報の量を増やすための仕組みを入れよう」ということで、様々な他社事例の分析をご依頼いただくことがあります。手っ取り早くまず形から入るという考え方で、それはそれでアリだと思います。ただ、ここでひとつだけ「仕組みだけ入れても意味がない」という点に注意を促しておきたい。

こういう「仕組みづくり」には大きく「場づくり」と「制度づくり」という二つの方向性があります。

「場づくり」の実践例としてわかりやすいのがグーグルでしょうか。同社では、社員が出したアイデアを最高経営層が審査し、選出されたアイデアには活動継続に必要な資金を与えるという一種のコンテスト＝「イノベーターズ・チャレンジ」や、新しいアイデアを社内で共有し、エンジニアの社内ネットワーキングを促すための「ブレイン・ストーミング・セッション」といった仕組みを運営しています。また「社内ネットワークの構築のため」と明言し、無料で多種の料理が楽しめるカフェテリアを24時間提供していることもよく知られています。

一方、「制度づくり」のお手本となると、３Ｍ社の取り組みが有名ですね。よく知られていることですが、３Ｍ社には、「就業時間の15％を自由な研究に費やしてもかまわない」というルールがあります。このルールを闇雲に真似する企業も後を絶ちませんが、そういった後追い企業からイノベーションが継続的に生まれているという話は、あまり聞いたことがありません。つまり、部分的な仕組みだけを入れてもイノベーションは発現しないのです。

なぜ、仕組みだけを導入してもうまくいかないのでしょうか？

その理由は、この「15％ルール」が、他のいろんな制度やリーダーシップ開発と組み合わされることで初めて最適化され、効力を発揮するものだからです。

要するに「15％ルール」は必要条件ではあっても、十分条件ではないということです。

３Ｍ社は、「15％ルール」と同時に「新商品売上高比率ルール」を組み合わせることで、最適化をはかっています。このルールは、「全売上高のうち、発売から1年以内の新商品が10％、4年以内の商品が30％を占めなければならない」というものです。同社の金子剛一副社長は、「当社と同じくらい新製品を売り上げている企業もあるが、経営指標として管理しているのは例がないだろう」（傍点筆者）と述べています。

そして、この「15%ルール」と「新商品売上高比率ルール」という二つの制度を組み合わせることで、3M社は、「イノベーションに関する取引市場」を社内に作っているのです。

「新商品売上高比率ルール」によって、組織の管理職には常に「新しい事業のネタはないか?」という意識が芽生えます。彼らは、イノベーションの種に「餓えて」いるんですね。

一方で、「15%ルール」によって、研究者はイノベーションの種を日々生み出し、その「売りこみ先」を考えることになります。

「売りこみたい人」（＝研究者）と「餓えている人」（＝管理職）によって生まれるフェアな「取引市場」、これが社内のネットワークの密度を高めているわけです。

さらに、このような取引市場を正常に機能させようとすれば、上記のような仕組みのほかにも、たとえば管理職には「聞き耳のリーダーシップ」を発揮することが求められますし、現場の研究者にはプレゼンテーション能力や社内ネットワークを拡大するための努力などが求められます。つまり、よく言われる15%ルール等の「わかりやすい仕組み」は、イノベーションを駆動するメカニズムの中のごく一部のパーツでしかないということです。これが、目に留まりやすい仕組みだけを入れても意味がないと筆者が指摘する理由です。

グーグルによる「場づくり」の取り組みも、一見すれば3Mの「制度づくり」とはアプローチが異なるように見えますが、行動を誘引するメカニズムを形成するという点で本質的に共通しています。つまり、本当に大事なのは表面的な「仕組み」を盲目的にコピーすることではなく、人の行動が変わるようなメカニズムを、就業ルールやオフィス環境といった組織のハード要因と、リーダーシップやコンピテンシーといった組織のソフト要因に絡めて形成できるかどうかという点なのです。

*「働き者」だけの組織は低効率

効率化は日本のお家芸ですが、あまりにも効率化が進んだ組織からはイノベーションが生まれにくいということを示唆する興味深い研究結果があります。

アリの巣（コロニー）に関するお話です。

働きアリは巣の外でエサを見つけると、フェロモンを出しながら巣まで戻り、仲間の助けを求めます。他のアリは地面につけられたフェロモンをトレースすることで、エサまでのルートを知り、手分けしてエサを運搬する。したがって、エサの獲得効率を最大化させるためのカギは、「フェロモンを正確にトレースする能力」にあると思われるでしょう。

ところが、そうではないらしいのです。

広島大学の西森拓博士の研究グループは、このフェロモンを追尾する能力の正確さと、一定の時間内に巣に持ち帰られるエサの量の関係を、コンピュータシミュレーションを使って分析するという興味深い研究を行っています。

六角形を多数つないだ平面空間を、エサを見つけると仲間をフェロモンで動員するアリAが移動していると設定した上で、Aを追尾する他の働きアリには、Aのフェロモンを100％間違いなく追尾できる「マジメアリ」と、一定の確率で左右どちらかのコマに間違えて進んでしまう「マヌケアリ」をある割合で混ぜ、その混合率によって、エサが正確に持ち帰られる効率がどのように変化するかを調べました。

するとどうしたことか。完全にAを追尾する「マジメアリ」だけの巣よりも、間違えたり寄り道したりする「マヌケアリ」がある程度存在する巣のほうが、エサの持ち帰り効率は中長期的には高まることがわかったのです。

これはどういうことなのでしょうか？

アリAが最初につけたフェロモンのルートは、必ずしも最短ルートであるとは限りません。行きつ戻りつしながら、たまたま見つけたエサであれば、フェロモンのつけられたルートはとても非効率なものになります。その場合、「マヌケアリ」が適度（？）に寄り道したり道を間違えたりすることで、思わぬ形で最短ルートが発見されることがあるのです。そして、他のアリもその最短ルートを使うようになり、結果的に「短期的な非効率」が「中長期的な高効率」につながることになります。（＊67）

（＊67）長谷川英祐『働かないアリに意義がある』メディアファクトリーより。

＊「規律」と「遊び」のバランス

これを組織論の枠組みとして考えてみると、イノベーションを数十年にわたって起こし続ける企業の多くが「規律」と「遊び」を絶妙にバランスさせている理由がわかります。

たとえば代表的な会社が先述した3M社でしょう。同社が研究職に対してその労働時間の15％を自由な研究に投下してよいというルールを持っていることは先述した通りです。これは言葉を換えれば、研究能力の15％を「遊ばせている」ということでもあります。一方で、同社では厳しく新商品の売上高比率を管理している、という話も先述しました。つまり、同社では厳しい「規律」＝「常に新しい商品が生み出され続けること」を実現するために、戦略的に「遊び」＝「研究者はその労働時間の15％を自由に使ってかまわない」を盛りこんでいると考えられるのですね。イノベーティブな組織では、仕組みや程度は異なるものの、この「規律」と「遊び」のバランスが絶妙なのです。

一方、筆者が日々コンサルティングの実務を通じて接触させていただいている日本企業の多くでは、この関係が逆転しているように思えます。つまり、日常業務に忙殺される傾向が強まり組織内での戦略的な「遊び」が極端に減っている一方、目標未達成でも温情人事によって責任者が続投し続けるなど、「規律」はなし崩し的になっているということです。

おそらくこれは根性論の過剰な重視と、プロセス重視の人事考課に原因があるのでしょう。根性論が極めて重視される日本企業では、組織のアジェンダから離れた個人が、自分なりに興味あるテーマを設定して業務時間の15％を投入することは「空気」的に許され難いものがあります。「これだけ数字が厳しい状況になっているのに、お前は『遊び』のために週に一日使いたいっていうんだな？」という冷ややかな圧力がこの国のイノベーションをどれだけ停滞させることになっていることか……。筆者自身は、こういった嫌みに対しても「はい、そうです。一日遊ばせてください」と平気で切り返すタイプなのですが、世間的にこういう人はやはり少数派でしょう。

こういった「表面的にマジメを取り繕う」空気が支配的になることによって、結果的に短期的な成果は多少かさ上げされるかもしれませんが、中長期的な成長の芽は摘まれてしまうことになります。その結果として、責任者はいつも中長期目標未達成ということになるわけですが、ここで出てくるのがプロセス重視の温情人事です。「あれだけ必死に頑張ったわけだし、経済環境がマイナスに働いたという不運もありますから、今回は事情を酌量しましょう」ということです。

これは一種のパラドックスですよね。つまり本当の意味で「頑張る」「創意工夫をこらす」ということは目の前の業務に粉骨砕身することではなく、むしろ戦略的に「遊び」を取りこむことでイノベーションの芽を育てることであるはずです。日本企業に横行している根性論から脱却して、意識的にこのパラドックスを組織開発に取りこまない限り、この悪弊は永久に続くことになるのかもしれません。ねじれてしまったこの「遊び」と「規律」の関係を逆転させない限り、日本企業のイノベーションを加速することは難しいでしょう。

＊用途市場は明確化できない

短期的な目標に対して組織を効率化させすぎると、イノベーションは発生しにくくなってしまうという示唆は、前節のエジソンによる蓄音機開発のエピソードを思い起こさせます。

先述したように、エジソンは蓄音機を発明するにあたり、それがどのような形で富を生み出すのかを明確化できていませんでした。とはいえ彼は、蓄音機を一応完成させています。最後の追いこみでは48時間ぶっ続けで働いたというエピソードが残っていますから、開発に相当のエネルギーを投入していたことは間違いないんですよね。浅薄な合理主義に冒された現代のわれわれには、「何に使えるのかよくわからない」と思いながらも、膨大なエネルギーを投入し続けたエジソンのこの行動は奇妙に映ります。

エジソンが、「何に使えるのかよくわからないな」と思いながらも最終的に蓄音機を利用可能な水準まで開発したというエピソードは、「イノベーションの可能性を見抜くことは難しい」という側面とはまた別の示唆をわれわれに与えてくれます。その示唆とは「商品開発は用途市場をはっきりさせてからやるべきだ」とする経営学のセオリーが、間違っているとは言わないものの、表現としては極めて誤解を招きやすいのではないかということです。エジソンは、「何かこう、はっきりしたことは言えないんだけど、この発明はなんかスゴいものになる気がするんだよね」という直観に導かれる形で蓄音機を発明しています。このような「予感」が大きな価値創出につながった事例は歴史上枚挙にいとまがないのです。

*「戦争の終結」という用途市場

たとえば「飛行機」の発明がそうです。ご存じの通り、今の航空機につながる原理を用いて最初に動力飛行を成功させせたのはウィルバーとオービルのライト兄弟(*68)でした。では彼らは、どのような用途市場を想定して飛行機を発明したのでしょうか？　彼らは、今日では一大産業に育っている「飛行機を使ってモノや人を遠くまで運ぶ」という航空産業という市場に、まったく関心を持っていませんでした。

彼らは、文明の歴史上、最も野心的と言えるアイデアを飛行機によって実現したいと考えていました。

それは戦争の終結です。ライト兄弟は、自らの作り出した小さな飛行機が、民主主義に則った政府の手によって使用されれば、敵の動きを遠く離れたところから監視できるようになるため、奇襲攻撃や熾烈《しれつ》な戦闘を無効化できるだろうと考えたのです。

ところが結果はご存じの通り、飛行機はむしろかつてないほどの大量殺戮を行うための道具になり、最終的にはアメリカによる東京大空襲や二つの原爆投下、ベトナムへの枯葉剤散布といった人類史に例を見ない残虐行為に使用されました。結果として、数十万人の民間人が虐殺される、あるいは重い後遺症に苦しむ事態を生み出しました。

弟のオービル・ライトは、生まれ故郷であるアメリカによるこれらの大量殺戮を直視するに及んで、晩年は飛行機を発明したことを強く悔いていました。その後悔のゆえだったのでしょう。オービルは、1943年に参加したアメリカ特許局設立150周年において「最近100年での10大発明は何か」と問われて、あえて飛行機をその中から除外しています。

これらの事例は、よく言われる「用途市場を明確化しない限り、イノベーションは起こせない」ということが、間違いとは言わないものの、不正確な仮説であることを示唆しています。多くのイノベーションは、「結果的にイノベーションになった」に過ぎず、当初想定されていた通りのインパクトを社会にもたらしたケースはむしろ少数派なのです。

（＊68）ライト兄弟は、アメリカの動力飛行機の発明家、世界最初の飛行機パイロット。自転車屋をしながら兄弟で研究を続け、1903年に飛行機による有人動力飛行に世界で初めて成功した。

＊野放図な開発投資はダメだが……

一方で、用途市場を明確化せず、野放図に開発投資を行っても成果が出るとは思えません。

ある程度経営史に関するリテラシーのある人は、「用途市場を明確化せずに研究者の白昼夢に金をジャブジャブつぎこみ続けた結果、すごいアイデアがたくさん生まれたけれども、ほとんど儲からなかった」という悪夢のような事例――ゼロックスのパロアルト研究所の話を聞いたことがあるでしょう。

パロアルト研究所は、マウスやGUI、オブジェクト指向プログラミング言語といった、現在のコンピュータでは常識となっている様々なデバイスやアイデアを先駆的に開発したにもかかわらず、何ひとつそれらを商業化できず、挙げ句の果てにそれらがもたらす果実をすべて他社に取られてしまいました。まさに、往復ビンタです。

ここに、われわれは非常に大きなジレンマを見出すことになります。つまり、用途市場を明確化しすぎるとイノベーションの芽を摘むことになりかねない一方、用途市場を不明確にしたままでは、開発は野放図になり商業化はおぼつかない。

＊求められる「野生の思考」

ということで、ここで重要になるのが「何の役に立つのかよくわからないけど、なんかある気がする」というグレーゾーンの直観です。これは文化人類学者のレヴィ＝ストロース(＊69)が言うところの「ブリコラージュ」と同じものと言えるでしょう。レヴィ＝ストロースは、南米のマト・グロッソのインディオたちを研究し、彼らがジャングルの中を歩いていて何かを見つけると、その時点では何の役に立つかわからないけれども、「これはいつか何かの役に立つかもしれない」と考えてひょいと袋に入れて残しておく習慣があることを『悲しき熱帯』という著書で紹介しています。そして、実際に拾った「よくわからないもの」が、後でコミュニティの危機を救うことになることがあるため、この「後で役に立つかもしれない」という予測の能力がコミュニティの存続に非常に重要な影響を与えると説明しています。

この不思議な能力、つまりあり合わせのよくわからないものを非予定調和的に収集しておいて、いざというときに役立てる能力のことを、レヴィ＝ストロースは「ブリコラージュ」と名付けて、近代的で予定調和的な道具の組成と対比して考えています。レヴィ＝ストロースは、サルトルに代表される近代的で予定調和的な思想（つまり用途市場を明確化してから開発するような思考の流派）よりも、それに対比される骨太でしなやかな思想をインディオたちの行動に読み取ったわけです。こういった「何の役に立つのかよくわからないけど、後でものすごい価値を生み出すことになった」という発明は、先述した蓄音機や飛行機の例など枚挙にいとまがありません。

（＊69）クロード・レヴィ＝ストロース（Claude Lévi-Strauss、1908年11月28日－2009年10月30日）は、フランスの哲学者、文化人類学者、思想家。出身はベルギーの首都ブリュッセル。専門分野である人類学、神話学における評価もさることながら、一般的な意味における構造主義哲学の祖とされ、彼の影響を受けた人類学以外の一連の研究者たち、ジャック・ラカン、ミシェル・フーコー、ロラン・バルト、ルイ・アルチュセールらとともに、1960年代から1980年代にかけて、現代思想としての構造主義を担った中心人物の一人。

＊アポロ計画は医学に影響を与えた

たとえば、アメリカのアポロ計画もそれに該当する事例として挙げられるでしょう。

アポロ計画は、一言で言えば「月に行こうぜ！」という、単にそれだけの計画です。一歩引いて考えてみると、一体何の役に立つのかサッパリわからないプロジェクトだったということも可能なのですが[＊70]、筆者が知る限り、このプロジェクトが現代社会に大きく貢献していると確信できる点が少なくともひとつあります。それは医学の領域です[＊71]。

集中治療室＝ＩＣＵ（Intensive Care Unit）は、アポロ計画がなければ実現できなかった、あるいは、少なくとも実現が大幅に遅れたであろうと考えられています。ＩＣＵというのは、患者の身体に、生命に影響を及ぼす変化が起こったらすぐにそれを遠隔で医師や看護師に知らせるというシステムです。このシステムは、宇宙飛行士の生命や身体の状況を、やはり遠隔地からモニターして、何か重大な変化が起これば即座に対応するという、アポロ計画のような長期の宇宙飛行における必要性から生じた技術です。

アポロ計画のような、壮大な無駄使いに見えるような取り組みからでも、人類にとって必要な技術やシステムが生み出されているということを多くの人は知りません。これは典型的な「ブリコラージュ」だと言えます。

ケネディの脳内に、この宇宙計画から派生的に人類にとってものすごく有用な知恵が生み出されるという確信があったかどうかはよくわかりません。しかし、この計画を完遂することによって何か重大な知恵が、それを完遂するものにもたらされるはずだという「曖昧な予感」を彼がもし持っていたのだとすれば、まさにそれはマト・グロッソのインディオたちが持っていた野性的な知性と同様のものだったのだと思わざるを得ないのです。

翻って、現在のグローバル企業においては、「それは何の役に立つの?」という経営陣の問いかけに答えられないアイデアは、資金供給を得られないことが多い。しかし、世界を変えるような巨大なイノベーションの多くは「何となく、これはすごい気がする」という直観に導かれて実現しているのだということを、われわれは決して忘れてはなりません。

（＊70）アポロ計画を発表するケネディの演説はＹｏｕＴｕｂｅで確認することができる。何度聞いても見事な演説だと思うが、結局のところ「月に行って、でどうするか?」はよくわからない。

（＊71）アポロ計画は、ロケットや有人宇宙船の開発にともなう関連技術の発展に拍車をかけ、特に電子工学や遠隔通信、コンピュータなどの分野に大きく貢献したと考えられている。また極めて多数の部分から構成された複雑な機器の信頼性を検査するため、統計的な手段を用いる手法を開拓するなど、多くの工学の分野の発展にもつながったと考えられている。

非線形で柔軟なプロセス

＊消費者はイノベーションを見抜けない

イノベーションという文脈でプロセスを議題に出すと、Ｐ＆Ｇで実行されている、いわゆるステージゲート法（段階的に消費者テストにかけて、ある程度の成功確率が担保された段階で開発・販売にゴーサインを出すやり方）のような厳格な管理型プロセスを思い起こす方も多いでしょう。たしかに、こういった仕組みを導入することで商品開発には一定の規律が導入されることになり、結果的に野放図でギャンブル性の高い新商品開発・発売を抑止することが可能になります。しかし一方で、こういった管理型プロセスの導入によって可能になるのはせいぜい漸進型イノベーション[*72]であって、世の中の風景を一変させるラジカルなイノベーションを生み出すことは難しいと考えておいたほうがいいでしょう。

管理型プロセスによってイノベーションの出現率を高められるという幻想は、ある「認識」を前提にしています。その前提とはすなわち「素晴らしいイノベーションのアイデアを提示されれば、消費者や関係者はそれを即座に見抜き、正しく評価することができるはずだ」という認識です。しかし、これは大きく事実と異なっています。特に消費者は、往々にして大きな便益をもたらすイノベーションのアイデアを提示されても、その価値をすぐに理解することができないのです。

よく知られているところではウォークマンがあります。ウォークマンが、もともとは創業者である井深大の「出張時、飛行機の中で音楽が聴けるような、小型の再生専用プレイヤーがほしい」というリクエストに基づいて、技術者が作成したプロトタイプが原型になっていることはよく知られています。ところがこのプロトタイプに対する消費者テストの評価は散々で「録音機能がない」「スピーカーがない」プレイヤーなど売れないだろうというのが結論でした。この事例は、消費者は、文章で書かれた商品コンセプトはおろか、目に見える形で具体的に商品を見せたとしても、それが本当にほしいものなのかどうかを理解する力を持っていないということを示しています。

他にも、今日世界中のオフィスでなくてはならないものとして重宝されているポストイットも消費者テストでは非常にスコアが悪く、危うく商品化中止になりかけています。子供を持つ家族にとってすでにスタンダードになりつつあるミニバンは、フォードでもクライスラーでも同じく消費者テストの結果が悪く、商品化提案は何度も却下されています。

こういった事例は、消費者はイノベーションがもたらす便益を、すぐに理解できるわけではなく、したがって商品化の意思決定の際に硬直的に消費者テストの結果を重視することは、重大なイノベーションの実現機会を逸してしまうリスクがあることを示唆しています。

（＊72）ここではあえて経営学の世界で広く用いられているイノベーションの類型、すなわちイノベーションを大きく「漸進型イノベーション」と「ラジカルイノベーション」に分ける枠組みを用いて説明しているが、筆者自身は、こういった類型化がイノベーションに関する議論を混乱させる元凶になっていると思っている。シュンペーターが最初に用いたときから、イノベーションという概念は「革新」や「非連続的変化」というニュアンスを多分に含んでおり、「漸進型（＝徐々に変わる）イノベーション」などというのは整理に困った経営学者の言葉遊びというべきであってそもそも語義矛盾していると思う。

＊七転八倒が当たり前

イノベーションの実現過程を長年にわたって研究してきたファン・デ・フェンは、イノベーションを生み出すに至る一連のプロセスを「イノベーションへの旅」というメタファーで表現し、次のような特徴を指摘しています。

きっかけ　人や組織が認識する不満や機会がある閾値《いきち》を超えるとイノベーションにつながるアイデアが生まれる。

プロセス　一応プロセスは設計されるものの、往々にして事後的にプロセスは行きつ戻りつし複線的な経緯を辿る。

計画・管理　当初想定しなかったことが様々に起こり、事後的に停滞・後退を余儀なくされることも多い。

環境変化　組織の内部・外部における様々な環境変化による影響を受ける。

経営トップ　経営トップは、イノベーションの推進者になるにしても批判者になるにしても、どのみち大きな影響を与える。

政治

イノベーションの成功による利害は、同じ組織内であってもグループによって異なり、それがイノベーションに政治的な側面を与える。

要するにファン・デ・フェンが指摘しているのは「イノベーションは予定調和しない」ということです。行きつ戻りつしつつ、壁にぶち当たったり思わぬ偶然に導かれたりしながら、いわば七転八倒して創発的に進んでいき、「結果として」到達するのがイノベーション発生のプロセスだということです。

*大河内賞の事例研究

たとえば、2003年から2007年にかけて一橋大学イノベーション研究センターによって行われてきた「大河内賞ケース研究プロジェクト」では、同賞を受賞した個々の業績を事例研究としてまとめた結果、その多くが極めて非予定調和的なプロセスの結果として達成された技術成果であることを明らかにしています。

大河内賞とは、公益財団法人大河内記念会によって「優れた技術革新」と見なされる業績に与えられる賞です。一橋大学イノベーション研究センターでは、このうちから25件の事例を取りあげ、受賞対象となった技術革新がどのように開発され、事業化されていったのか、ひとつひとつについて事例研究を行いました。

ここでは研究内容の詳細については踏みこみませんが、同研究は、これらの事例は、事業化までに平均で9.2年という長い時間を要していること、事業化において計画当初から経営上層部のコンセンサスを一定程度得ながら事業化に成功したケースは全体の4割程度でしかないことを明らかにしています。同研究の結果についてまとめた書籍『イノベーションの理由』では、以下のように指摘しています。

しかし、全体の六割強にあたる残りの十四件では、具体的な事業成果の見通しが必ずしもはっきりしないまま、特定の技術者や研究部門内の特定組織によって着想の検討や要素技術の開発が始まっている。事業成果の見通しがないといっても、開発に着手した技術者は最終的な用途についてなんらかのイメージをもっていただろうし、いずれなんらかの形で事業に貢献するはずだという自負や信念、あるいは願望をもっていたはずである。しかし、本社や事業部門が資源投入を支持してくれるほどにはその実現可能性も、市場性も明確でないまま、プロセスがスタートしている。
（中略）
　また、最近、企業の研究所、技術開発部門で、予算配分の前提や優先順位の判断基準として事業への貢献の見通しが求められる傾向が強まっているという話をしばしば耳にするが、このことからすると、多くの事例において要素技術開発に取り組み始めた時点ではそのような見通しをもっていなかったという事実の意味は小さくない。早い段階から事業化への見通しを求めると多くのイノベーションの芽を摘み取ってしまう可能性が高いことを物語るからである。

（青島矢一他『イノベーションの理由』有斐閣、P76〜77より）

　同書は、最終的にイノベーションの実現過程を駆動したのは多くの場合、事前に予見された客観的な事実や経済合理性ではなく、当事者の信念や願望といった「固有の理由」であると指摘しています。このような特性を持つイノベーションを実現させるにあたって、そのプロセスに対して過度に客観的・合理的なハードルを設けることは、イノベーションの芽を摘むことになりかねません。

＊コンセンサスを重視する日本企業

イノベーション実現のプロセスにおいて過度に客観性・合理性を求めると、イノベーションの芽を摘んでしまいかねないという懸念はそのまま、日本型の過度にコンセンサスを重視する意思決定プロセスはそもそもイノベーションの実現には向いていないのかもしれないという懸念につながります。

コンセンサスを求めれば、必ず合意の立脚点になる合理性や客観性が必要になってきます。通常、この合理性や客観性は市場分析や消費者テストによって担保されるわけですが、このようなテストで需要が定量的に確認できるようなサービスや商品が、結果的にイノベーションであるケースはほとんどありません。「世界で最もイノベーティブな会社」のひとつであるアップル社は、一般的な意味での消費者テストをほとんど行わないことで知られています。一方で、筆者が知る限り、多くの日本企業では商品開発を行うにあたって、昨今むしろ消費者テストへの依存度を高めているようにも感じられます。

なぜそのような変化が起こっているのでしょうか？

様々な要因が考えられますが、ひとつ明確に指摘できるのが「リーダーシップの欠如」です。この点については後の章において再度触れることになりますが、リーダーには何よりも「行き先を示す」ことが求められます。このとき「そこに行けば確実に何かが得られる」という客観的で合理的な確証が得られるまではそれを示せないリーダーに率いられたチームは、最終的に大きな果実を得ることはできないでしょう。これは、武術における「先を取る」という考え方とも同じですが、合理的で客観的な確証が得られるまで待てば、その機会がもたらす果実の大きさは多くの競合他社の知るところとなり、必然的に分け前は大きく減ってしまうからです。

これはここ10年ほど続いている「論理思考」のブームについても同じことが言えます。経営においては「合理的な解は、そもそも合理的な解になり得ない」というパラドックスを持っているということをよく再確認しておいたほうがいいでしょう。合理的というのは論理的に正しいということですが、論理的に正しいことを追い求めれば解は必ず他者と同じになり、しかもスピードは遅くなります。ところが戦略というのは本質的に差別化とスピードを求めますから、ここには二重のパラドックスが発生することになります。(＊73)

イノベーションがもたらす果実の大きさは時間の経過とともに明確化されていきます。一方、実際にもぎ取れる果実の大きさは、時間の経過とともに縮小していきます（市場の大きさが明確化されてからスマートフォン市場に参入した多くのメーカーと、アップルがもぎ取った果実の大きさを比較してみれば明確でしょう)。つまり、組織内で論理や客観的事実に基づいた合理的なコンセンサスが形成されるのを待っていたら、イノベーションがもたらす果実は「鳥に啄《ついば》まれた残りかす」にしかならないということです。

ここでカギになるのが個人のリーダーシップです。先述した大河内賞に関する一橋大学イノベーション研究センターの研究や、あるいはヘイグループによるこれまでの研究では、短い場合は数年、長ければ10年以上にわたって「思い入れ」を持った個人が様々に組織に働きかけて人・モノ・金を注ぎこみながら、結果的にイノベーションの実現に漕ぎ着けた事例がたびたび観察されています。

結局のところ、イノベーションの実現にあたり「最適な決め方」はない、ということです。「最適な決め方」がない以上、「決め方」そのものを画一的に運用することはできません。したがって、ここで重要になるのは「決め方」ではなく「決め方の決め方」だということです。ではこの「決め方の決め方」が、組織が行う意思決定のクオリティにどのような影響を与えるのか。次の事例をもとに考察してみましょう。

（＊73）戦略コンサルティングファームは一般に「戦略策定のエキスパート集団」と考えられているが、これは若干過大評価だと思う。ＩＢＭの立て直しに成功したルー・ガースナーは、マッキンゼーに在籍していた時代を振り返って「ユニークで合理的な戦略を策定するというのは不可能とは言わないまでも極端に難しく、実際にそれができたことは率直に言ってほとんどなかったと思う」と筆者にこぼしていたが、これは非常に率直なコメントだと思う。

＊ケネディの手痛いデビュー戦

１９６１年初頭、新しく大統領に就任したジョン・Ｆ・ケネディ[＊74]は、前大統領アイゼンハワー時代から進められていた「あるプロジェクト」について、パームビーチの休養先でＣＩＡ[＊75]のアレン・ダレス長官からプレゼンテーションを受けていました。そのプロジェクトとは、ＣＩＡによりグアテマラで訓練された亡命キューバ人およそ千四百人をキューバへ送り、革命を起こしてカストロ[＊76]政権を打倒するというものです。しかし、計画を聞いたケネディ大統領はその大胆さに驚くとともに強い懸念を抱くようになります。

ケネディの懸念に対して、ＣＩＡのプロジェクト担当者たちは極めて乗り気で、そのうえ「この計画は今という機会を逃したら絶対に実行できない」と繰り返し主張しました。

彼らがそのように主張した理由は主に三つあります。ひとつは、亡命キューバ人は十分に訓練を積んで士気が高まっており、戦闘をしたくてウズウズするほどの状態だったということ。第二に、グアテマラの訓練キャンプは次第に国際的にも目立つようになっていて、グアテマラ政府は閉鎖を求めているため、アメリカ政府としては、亡命キューバ人を故郷キューバとアメリカのどちらに移送するのかを早急に決めなければならなかったこと。第三に、ソ連は間もなくカストロ支援に乗り出し、共産圏で訓練を受けた戦闘機パイロットなどが治安維持に配置されることになり、時間が経てば経つほどキューバ政府転覆の実現が難しくなるということ。このように、タイミングは今しかないということを熱弁したうえで、CIAの担当者は次のように付け加えています。

「アメリカは実際にキューバに侵入することなく、亡命者を使うことによって革命政府を打倒するのだから不介入原則にも違反しない、そのうえ作戦失敗の危険性もほとんどない」

6日後、ケネディ大統領は、この計画を審議するための最初のホワイトハウス会議を招集。計画に長い間耳を傾けたあと、国防総省統合参謀本部に対して、この計画の厳重な評価を命じました。そして、その評価の結果は「CIAの主張する計画の成否は、キューバ内部での大規模な反乱が上陸に呼応して起こるか、あるいは適時な外部からの大規模支援があるかどうかにかかっている」というものでした。この場合、「外部からの大規模な支援」とは言うまでもなくアメリカによる軍事的介入支援ということですが、これはケネディが何よりも避けたいと思っていたことでした。必然的に、「キューバ亡命兵士が上陸するタイミングで、大規模な反乱がキューバ内部で起こらない限り、計画の成功はおぼつかないだろう」というのが統合参謀本部の結論でした。

この報告を聞いたケネディ大統領は、「アメリカによる公然たる介入は、アメリカの伝統にも国際的義務にも反することであり、その結果は、カストロの台頭よりも自由社会にとって大きなマイナス要因となるだろう。そのような介入が必要となる公算が強い上陸作戦について、大統領はこれを絶対に承認できない」と、一度は作戦の承認を拒絶します。うーん、さすが。

しかしCIAも負けていません。3月11日に再び閣議室で会議が開かれ、再びこの計画が審議されることになります。会議にはCIA関係者以外にも、三人の統合参謀本部長、国務次官補、ラテンアメリカ特別研究班議長のほか、数名のアシスタントが出席していました。この会議上で再度、CIAのダレスは強く計画の推進を提言します。

「もしグアテマラのキューバ人を引き揚げさせるのだとすれば、連れてくる先は合衆国しかありません。もしそうすれば、彼らはグアテマラでCIAが何をやっていたかを吹聴して回るでしょう。これは黙って見過ごせない事態です。一方、亡命キューバ人自身は革命軍として故郷へ帰ることを望んでいます。そのような彼らを武装解除してキューバへ送り返せば、アメリカへの失望と怒りを抱えたままラテンアメリカ全土へと散り、そこでやはりCIAの秘密を暴いて回るでしょう。この行為はラテンアメリカにおける反カストロ勢力の士気を削ぐ一方、ますますカストロ主義者を勢いづけることは明白です」と。

（＊74）ジョン・フィッツジェラルド・ケネディ（John Fitzgerald "Jack" Kennedy、1917年5月29日 - 1963年11月22日）は、第35代アメリカ合衆国大統領。

（＊75）Central Intelligence Agency、略称：CIA（アメリカ合衆国中央情報局）は、対外諜報活動を行うアメリカ合衆国の情報機関。中央情報局長官によって統括される。

（＊76）フィデル・アレハンドロ・カストロ・ルス（Fidel Alejandro Castro Ruz、1926年8月13日 - ）は、キューバの政治家、革命家、軍人、弁護士。1959年のキューバ革命でアメリカ合衆国の事実上の傀儡政権であったフルヘンシオ・バティスタ政権を武力で倒し、キューバを社会主義国家に変えた。革命後、同国の最高指導者となり、首相に就任。1965年から2011年までキューバ共産党中央委員会第一書記を、1976年より2008年まで国家評議会議長（国家元首）兼閣僚評議会議長（首相）を務めた。

＊CIAが繰り返した主張

このような強い主張に直面したケネディ大統領は、当初から感じていた懸念や疑念を振り払うように、「亡命キューバ人については、彼らが行きたいところ、つまりキューバへ帰らせるのが結局はいいのかもしれない」と暫定的に曖昧な肯定の意思を表現します。その後、ケネディ大統領は、最小限の政治的リスクで、計画を成功させるための具体的な方法へと会議のテーマを切り替えてしまいます。

実は、この時点で「亡命キューバ人による侵攻が始まれば、カストロ政権に不満を持つ内乱分子がキューバ国内で反乱活動を起こすだろう」というCIAの予測には、ほとんど根拠らしい根拠がありませんでした。

ケネディ大統領は、閣議においてたびたび「本当に侵攻に呼応して反乱は起きるのか？」とCIAに確認を求めているのですが、このときもダレスは「現在二千五百人のレジスタンスがおり、また不満分子は少なく見積もっても二万人は存在することがわかっています。以上により、侵攻部隊が上陸すれば、少なくともキューバ人民の四分の一が積極的な反乱活動を行うことが期待できます」と回答したうえで、さらに空からの武器補給を希望しているキューバ内革命分子からの要請や、革命に参加したいと表明している名前入りのリストなどを確証として挙げ、計画の楽観的側面を強調し続けました。しかし、この時点で、国外の状況を管轄する国務省の中でこの計画を知っている者は一人もおらず、キューバ情勢について毎日情報を受け取っている同省のキューバ担当者でさえ、侵攻作戦の成否の可能性について見解を求められることはありませんでした。

閣議の中で、CIAが繰り返し主張した「侵攻に呼応して反乱が起こる」というシナリオについて、大統領以外に強い疑問を持つ人物がいなかったわけではありません。たとえば、シュレジンジャー大統領特別補佐官は、キューバ情勢に詳しい新聞記者のジョセフ・ニューマンから「反カストロの感情は昨年来高まってはいるものの、国民の大半はカストロに対して熱狂的と言っていい信頼を感じている。若い人たちは革命そのものの成功にロマンを感じ、大人のうちの相当数は革命による社会的変化から利益を得ている。この二つのグループは全人口のうち、かなりの比率を占めると思う」と聞くに至り、CIAの見通しについて「強い疑念を持った」と述懐しています。

3月に入り、閣議は最後の論点、すなわち「仮に上陸作戦に呼応する形で反乱が発生しなかった場合、どうするのか?」という論点について議論が繰り返されます。大統領が介入を強く嫌っていることを会議メンバーはすでに知っています。その状況下で、ケネディ大統領がたびたび「仮に作戦が失敗した場合、アメリカ軍は介入しなくても大丈夫なのか? 彼らは、その前提でも作戦の実行を望んでいるのか？」と質問したことが議事録に残っていますが、そのたびにＣＩＡは「大丈夫です」と答え、大統領の懸念を正面から取り上げることはありませんでした。

＊一枚のメモ

1月から続くこの閣議の雰囲気を、当時の関係者は「外見上だけで意見が一致しているような、何か奇妙な雰囲気のなかで続行されていた」と述懐しています。会議の主導権をＣＩＡの関係者が握り、統合参謀本部の関係者は、ＣＩＡの主張に対して曖昧な態度を貫いていました。一貫して参加していた国務長官のラスクも、ＣＩＡの主張に対しては「やりすぎに気をつけてね」という微妙なコメントを残すに留めています。

たった一度だけ、ラスクの代理として閣議に出席したチェスター・ボールズは、すでに大詰めとなっていた計画の詳細を聞いて「ぶったまげた」と述懐していますが、これまで議論に継続して参加してきた国務長官の代理として出席している以上、結局は計画に対する強い懸念を表明することをためらった末に沈黙しています。

おそらく、同計画の実行に至る一連の流れのなかで、ケネディにこの計画の実行を思いとどまらせることができたであろう最後のチャンスは、フルブライト上院議員による同計画への忠告でした。フルブライト上院議員は、この計画を審議する閣議には直接参加していませんでしたが、侵攻は避けられまいと予測する新聞記事を見て強い懸念を抱き、その思いの丈を大統領に伝えました。この忠告に興味を持った大統領は、復活祭の週末をパームビーチで過ごすにあたって、同方面のフロリダで休暇を過ごす予定のフルブライトを自分の飛行機に誘い、フルブライトは機内で作成したメモをケネディに手渡します。

そのメモの趣旨は「キューバに対してアメリカが取り得る立場は打倒か隔離かの二つしかない。この場合、打倒に成功したとしても西側、あるいはラテンアメリカ全域からアメリカの帝国主義的所業は非難を受けることになり、それは数十年、場合によっては永遠に続くでしょう。一方、隔離はカストロを西半球の他国から孤立させることになり、またキューバ亡命者を隔離政策の推進という方向で活用することもまた可能であり、遥かに現実的なアイデアと言えます」というものでした。フルブライトはメモを次のように締めくくっています。「カストロ体制はたしかにアメリカに刺さったトゲではあります。しかし心臓に突き刺さったナイフではないことを決して忘れてはいけません」と。

*「専門用語」という武器

メモに感銘を受けたケネディ大統領は、4月4日に開催されることになった最終的な意思決定のための閣議にフルブライトも出席するよう依頼しました。この最終決定閣議は、これまで3カ月繰り返し演じられてきた、例の「奇妙な雰囲気」の中、まるで舞台劇のように進行していくことになります。それはすなわち、CIAによる専門用語を多用した流麗なプレゼンテーションと、CIAのプレゼンテーションに対するラスクのごく軽い否定、そして懸念をぬぐいきれない大統領によるたび重なる確認と質問、そしてそれに対するCIAの根拠なき「大丈夫です」の回答です。

最後に、ケネディ大統領は、出席者の全員に対してそれぞれ、この計画の実行についてどのように考えるか、意見を求めました。そしてそこで、フルブライトはあらためて、この計画全体について極めて力強く反対の立場を表明しています。

彼は、「この作戦は、カストロがアメリカにもたらす脅威に対して、あまりにも不釣り合いに大げさすぎる。その結果、全世界に対するアメリカの道徳的立場は危機にさらされることになるだろう」と堂々と主張し、あらためてケネディ大統領とシュレジンジャーは深く感銘を受けた様子でしたが、他の出席者の表情に変化はありませんでした。引き続き、以前と同じように作戦遂行に賛成の立場を貫くのを見て、最終的にフルブライトはそれ以上意見を述べることを止めてしまいます。

フルブライトの主張に感銘を受けた様子だったシュレジンジャーも、CIAの説明に対していくつかの控えめな質問をしただけで、ほとんど沈黙したままでした。ケネディ政権になって大学教授から大統領特別補佐官に就任したシュレジンジャーにとって、このような会議は勝手がよくわからない居心地の悪いものだったようです。個人的に大統領へ意見を提案するときには、胸襟を開いて本心を述べていたものの、この閣議のような国家機構の最高権威を背負った人々の主張に対して、政策に関する自分独自の判断をぶつけるときには極めて強い自制の念が働いていたことを後に述懐しています。

さらに、CIAをはじめとする侵攻作戦の擁護者には「専門用語」という武器がありました。彼らは、極めて男性的なトーンで、砲撃能力や空爆、上陸用舟艇《しゅうてい》など、作戦展開上のディテールについて専門用語を乱発する一方、この計画に本心では反対していたシュレジンジャーは、アメリカの国際社会における立場や大統領の国際的信用、国連の反応といった抽象的な概念でしか反論材料を組み立てることができなかったのです。

こうした経緯を経て、最終的にケネディ大統領は亡命キューバ人によるピッグス湾への侵攻作戦を実施する決定を下します。

果たしてその結果はどうであったか。反乱部隊はキューバの海岸に上陸してからわずか3日以内に全滅し、構成員のほとんどが殺害されるか捕虜になるという、これまでにないほどの悲惨な結果となりました。つまり、この作戦は、人命の損失という点からも、新任大統領の評価という点からも、大惨事と言っていい結果を招くことになったわけです。侵攻を支持するという意思決定が最悪の結果を招いたことに気づいたケネディは「連中にゴーサインを出すなんて、私はなんと愚かなことをしたのか」と側近に漏らしたと伝えられています。[＊77]

（＊77）Theodore. Sorensen, Kennedy, Bantam, 1966（シオドア・ソレンセン『ケネディの道　未来を拓いた大統領』サイマル出版会）。

＊ホントに「ザ・ベスト・アンド・ザ・ブライテスト」？

ケネディ政権において安全保障を担当したスタッフを「ザ・ベスト・アンド・ザ・ブライテスト＝世界で最も優秀で聡明な人々」と称したのはニューヨーク・タイムズの記者デイヴィッド・ハルバースタムでした。その「最も優秀で最も聡明な人々」が、なぜかくも愚かな意思決定を行ったのか？　心理学者アーヴィング・ジャニス(＊78)はこの事件を詳細に分析し、その要因を四つに整理しています。

① 集団凝集性の高さ

コンセンサスに達するために成員が意見を戦わせることは意思決定のクオリティを向上させるという点で非常に重要ですが、集団浅慮が発生するような状況では同調圧力により異議を唱えることが難しくなります。ケネディの委員会に参加した人々は、自他ともにその優秀さを認める人々でした。互いに親密であり、集団の士気も高く、その雰囲気は一種の紳士クラブさながらでした。このような集団の中では、対立意見を述べたり、議論を戦わせて、雰囲気を壊したりしてはならないという空気が支配的になり、相互批判はタブー視されることになります。

② 外部からの孤立

軍事作戦の策定では機密保持が重要な要件となるため、その過程が外部に公表されることはありません。ピッグス湾事件の作戦策定の過程では、議会でさえも作戦の検討がほぼ終了している段階で初めて作戦計画の存在を知らされています。このような状況に陥ると、外部からのチェック機能が働かず、取得できる情報の質・量は悪化し、意思決定のクオリティは低下します。

③リーダーシップの弊害

リーダーシップは一般にポジティブな側面が語られますが、用い方によっては意思決定のクオリティに悪影響を与えることもあります。ケネディは、検討の過程で開催された一連の会議すべてに出席して議論をリードしていました。議題の選択も議論の進め方も、彼によって決定されており、自由闊達な意見の交換は、特にケネディが「そうするように」と促した際に行われただけでした。これらの討議においてケネディは、まず自分の意見を表明し、次に各人の意見を述べさせてから討議を行うというスタイルを取っていました。これらの結果、CIAのメンバー以外は「まず大統領は何を言うだろうか?」ということを考え、発言を控えるようになってしまいました。

④問題解決のストレス

国家の命運を左右する重大な意思決定を短期間に行わなければならないというような場合、それを担う立場の人には強いストレスがかかります。そのストレスから早く逃れるために、熟慮することなく意思決定しようとします。そしてそれを合理化するために、自分たちが行った意思決定の良い側面にばかり目を向け、真に重要で本質的な点を「わざと」見過ごしてしまうようになります。

ジャニスが指摘しているのは、「凝集性の高い集団が外部から閉鎖された状態で重大な意思決定を行う場合、この集団の意思決定のクオリティを左右するのはリーダーシップのあり様次第だ」ということです。そして、ケネディはこの失敗からまさにその点を学び、さらに大きな国家的危機においては、見事なリーダーシップを発揮することになります。

（＊78）アーヴィング・エル・ジャニス（Irving L. Janis、1918年5月26日 - 1990年11月15日）は、イェール大学の実験心理学者、カリフォルニア大学バークレー校の名誉退職教授。集団で合議を行う場合に不合理あるいは危険な意思決定が容認される現象である集団思考の研究で有名。

＊ケネディの学習能力

任期2年目を迎えたケネディ大統領が、弟であるロバート・ケネディ司法長官から「その連絡」を受けたのは1962年10月16日の朝9時を少し過ぎたところでした。「その連絡」の内容とは「ＣＩＡの諜報活動により、ソ連がキューバに核ミサイル基地を建設中であることがほぼ確実となった」というものでした。この瞬間から、世界はソ連とアメリカによる「核のポーカー」を固唾《かたず》をのんで見守るはめになります。

同日の午前11時46分、緊急招集された多数のアメリカ政府高官に対して、ＣＩＡから正式な事情説明が行われました。数多くの写真が提示され、地図と指示棒を手にした諜報の専門家たちは、キューバのサンクリストーバル近くの原野にミサイル基地が建設されつつあることを説明しました。「考えもしなかった」というのが本音だったのでしょう。当時の会議の模様を回想する関係者は「驚きのあまり皆が茫然としていました」と述べています。

まさかソ連がアメリカのお膝元であるキューバに、核ミサイルを配備しようとは――。

この日の朝、閣議室で会合したメンバーの大半は、この後の12日間、ほとんど眠ることなくぶっ続けで会議を行い、基本方針が決定した後の6週間も休むことなく連日で会議を開くことになります。

このグループ、後に「エクスコム＝Executive Committee of the National Security Council」と呼ばれることになる会議には次のメンバーが参加していました。

国務長官　ディーン・ラスク
国防長官　ロバート・マクナマラ
CIA長官　ジョン・マッコーン
財務長官　ダグラス・ジロン
司法長官　ロバート・ケネディ
大統領補佐官　マクジョージ・バンディ
大統領顧問　セオドア・ソレンセン
国務次官　ジョージ・ボール
国務次官代理　アレクシス・ジョンソン
統合参謀本部議長　マックスウェル・テーラー
中南米担当国務次官補　エドワード・マーチン

ソ連問題顧問　リュウェリン・トンプソン
国防次官　ロズウェル・ギルパトリック
国防次官補　ポール・ニッツ

事態は極めて深刻であり、かつ時間の猶予は限られています。アメリカとして、キューバに起きつつある事態を見過ごすことができないのは明白でしたが、どのような行動を取るべきなのかについては、そう簡単に決定できるものではありません。何といっても、キューバから核ミサイル攻撃を受ければ、ほぼ確実に八千万人のアメリカ人を死に追いやることになるのです。歴史上かつてこれほど賭け金の高いゲームはなかったと言っていいでしょう。

このメンバーが対応策を協議するにあたって、ケネディ大統領はいくつかのルールを設定しました。

最初に設定したのが、ケネディ大統領自身は会議に出席しないというものでした。

理由は「安全保障について深い知識と経験を持つ諸君の議論について、自分が影響を与えることのないよう、また特別に自分に気を使ってもらうことのないように」というものでした。結果的に、これは極めて賢明な判断でした。個性の強いこれらの人物も、ケネディ大統領が出席するとどうしても人柄を変えて大統領におもねるようになり、大統領にとって耳触りのいいと思われる前提で議論を組み立ててしまうことがしばしばあったのです。

次に大統領が指示したのが、会議中は通常の行政組織の序列や手続きを忘れてほしいということでした。大統領は、自分の管掌部門の代弁者として会議に参加することを禁じ、その代わりに「アメリカの国益を第一に考える懐疑的なゼネラリスト」になるように命じました。各自が自分の専門分野のみに発言を限定してしまい、自分よりも専門知識を持つと思われる人に対する反論を控えるような官僚的態度を戒め、アメリカの安全保障という全体問題に取り組むように指示しました。

また、ケネディは腹心である司法長官のロバート・ケネディと大統領顧問のセオドア・ソレンセンの二人に「悪魔の代弁者＝わざと批判的に難癖をつける困った人」の役割を果たすように命じました。ケネディは、二人に、討議の最中で出された提案について、その弱点とリスクを見出し、それを自分と提案者に対して突きつけるよう求めたのです。

最後に、委員会に対して、提案をひとつにまとめるのではなく、複数の提案を作成し、グループごとに提出するように求めました。

これらの「ルール」が、結果的にこの委員会による意思決定のクオリティを、かつてないほどに高めることになります。

＊ケネディの最終決断

議論開始当初、ミサイルによる空爆で先制するしかないと思われた選択肢に、隔離あるいは海上封鎖のアイデアが加わったのは議論開始1日目の夕方でした。翌17日にはマクナマラ長官も海上封鎖支持に回り、メンバーは「先制攻撃」派と「海上封鎖」派で真っ二つに分かれることになります。

海上封鎖派の論拠はこうです。

まず、最終的に何らかの武力的手段を講じなければならないとしても、最初から着手する必要はない。また統合参謀本部によれば、仮に「ミサイル基地のみ」を先制攻撃で破壊したとしても軍事的には無意味で、結局はキューバの全軍事施設に対して攻撃を仕掛けなければならない。そうなると侵攻作戦にまで発展せざるを得ず、全面的な戦争状態は避けられないこととなる。もし、キューバ（＝ソ連）との間での、このような武力衝突を回避できるかもしれない望みがまだあるのであれば、先制攻撃を行うべきではない。

一方、先制攻撃派の論拠は以下のようなものでした。

すでにミサイルがキューバに運びこまれている以上、海上封鎖を行ってもミサイルの撤去が実現するとは思えないし、ミサイル基地の設置作業がストップすると考えるのも難しい。加えて、海上封鎖によってソ連の船を停めることは、キューバとアメリカの問題という構図に、直接的なソ連との対決をも持ちこむことになる。

特に、統合参謀本部のメンバーは、一致団結して即時の軍事行動に入ることを大統領に進言しました。彼らは、海上封鎖は無意味であると繰り返し主張し、武力攻撃が絶対に必要だと迫ったのです。この進言に対して大統領は、アメリカによる武力攻撃に対して、ソ連はどのように対応してくるかと質問すると、空軍参謀総長のルメーは「おそらく何も反応しないだろう」と保証しましたが、大統領はこれを一蹴しました。

一方、ロバート・ケネディ司法長官とマクナマラ国防長官は海上封鎖を支持しました。

彼らは、これがベストの案だと確信したというよりは、封鎖のほうが武力攻撃よりも柔軟性があり、「取り返しのつかない事態を回避できる可能性が高い」と考えていました。そして、何よりもキューバにミサイルの雨を降らせて、何千何万という市民を殺すというアイデアをどうしても受け入れることができなかったようです。

10月19日、朝。大統領はメンバーを「武力攻撃」派と「海上封鎖」派の二つのサブグループに分け、それぞれの勧告を大統領に提案するように指示しました。勧告は、作戦の内容だけでなく、大統領による全国民への演説の概要、その後取るべき作戦行動の内容、起こり得る事態に対する対応策も含まれていました。そして同日の昼過ぎから、サブグループごとに勧告案を交換し、互いのプランの案を精密に審査したうえで、相互に批判するセッションが開かれました。このセッションの後、それぞれのサブグループは再び、批判を受けた案をブラッシュアップする作業に入ります。

特徴的だったのは、こういった提案と批判のやりとりの中で、各メンバーが極めて対等な立場で発言する態度を貫き通したことでした。資格や役職、専門領域に捉われることなく、合衆国の中で最も頭脳明晰でかつ愛国心に溢れる人々が「米国と世界にとってよりよい決断は何か?」という問いに対して全力で答えを出そうとしていたのです。皆に平等に発言の機会が与えられ、発言は全員の耳に入るよう配慮されていました。これは、階層が厳格な政府機関では極めて珍しいことでした。

10月20日の午後、これまでの検討を受けた勧告に耳を傾けていたケネディ大統領は、海上封鎖を支持する決断を下しました。この決断の後も、閣僚や議会の指導者たちは、たびたび感情的に先制攻撃の必要性をケネディに対して訴え続けています。しかしケネディ大統領は次のようなコメントを残して反対意見をすべて退けました。

「私は、合衆国の安全を守るために必要とあらば、いかなる措置をも取るつもりだが、最初から海上封鎖以上の軍事行動に出る正当な理由があるとは思わない。米国が攻撃の火ぶたを切れば、相手側はミサイルの一斉射撃で反撃することが予想され、そうなると何百万人というアメリカ人が殺されることになる。これは非常に大きな賭けであり、自分としては、他のすべての可能性を徹底的に検証し尽くさないうちに、この賭けに乗り出すつもりはない」

*優れたリーダーは「決め方を決める」

ここまで読まれた読者は、ピッグス湾事件におけるケネディの行動とキューバ危機におけるそれとが、大きく変わっていることに気づいたはずです。ジャニスの提唱した集団浅慮の四要因について、ケネディの行動がどのように変化しているかを見てみましょう。

①集団凝集性の高さ

ピッグス湾事件においては、会議は常に「表面上意見が一致している」紳士クラブのような雰囲気で行われていたとシュレジンジャーは回想しています。一方で、キューバ危機に際して、参加メンバーの各人は、出身母体の利益を代表するのではなく、アメリカの国益を第一に考え、所属する組織や役職を意識することなく、自分の懸念を自由に表明し、徹底的に意見を戦わせています。

また、ピッグス湾事件では、委員会は軍事専門家によって固められ、会議では飛び入りの参加者には理解できない専門用語が飛び交っていました。ごくまれに招聘される非軍事専門家は、そのような雰囲気に威圧されて発言を封じこめられています。一方、キューバ危機においては、ケネディ大統領は安全保障の専門家ではない司法長官のロバート・ケネディやスピーチライターのセオドア・ソレンセンを会議に参加させて、議論を引っ掻き回す役割を与えています。

②外部からの孤立

ピッグス湾事件では、ケネディ大統領はCIAが推奨する侵攻計画を検討する討議に、キューバ政府と社会に精通している国務省（注・日本での外務省に該当）のスタッフを参加させていませんでした。一方、キューバ危機に際しては、ケネディ大統領は直属部下のレベルのさらに下まで討議に呼んで参加させ、キューバの状勢に関して的確な知識が委員会にもたらされることになりました。

③リーダーシップの弊害

ピッグス湾事件の際、すべての会議に欠かさずに出席して議論をリードしていたケネディ大統領は、キューバ危機においては一転、ほとんどの会議をあえて欠席し、メンバーに好きなように議論させています。ケネディ大統領は「会議に誰を参加させるか」「会議にどのような態度で臨むか」という点には非常にこだわった一方で、「会議そのものの運営」と「会議で展開される議論」については、ほとんどタッチしようとせず、最終的な結論だけを聞かせてくれればいいという態度に終始しました。

④問題解決のストレス

キューバ危機の際、ケネディ大統領は、エクスコムのメンバーに対して「結論をひとつにまとめる必要はない」と最初に宣言しています。ピッグス湾事件やキューバ危機のような、意思決定の内容が非常に大きなインパクトに直結する局面においては、認知的不協和を解消してコンセンサスを形成するという行為には大きなストレスがかかることになります。

したがって、結論をまとめるように圧力をかけると、集団は短兵急に貧弱な結論に飛びついてそのストレスから逃れようとします。

しかし、キューバ危機に際してケネディ大統領はこれを求めず「意見が一致しないときは、複数案を出してくれればいい」としました。これは逆に言えば、最終的な意思決定のストレスを自分が飲みこむことを決めたということです。トルーマン大統領の執務机の上に「The Buck stops here＝すべての責任は私が取る」と書かれた置物があったことはよく知られていますが、ケネディもキューバ危機に際しては、「発案は君たちの仕事、決定は自分の仕事」と仕分けることで問題解決のストレスを軽減させたのです。

＊同じメンバーでも「決め方」は変わる

ジャニスの提唱した「集団浅慮の四要因」に沿って、ピッグス湾事件とキューバ危機の事例を比較すると、組織の意思決定のクオリティのためにリーダーがやらなければならないことの核心が見えてきます。

一般にリーダーというのはクオリティの高い意思決定を行うのが仕事だ、と考えられています。しかし、ここで注意してほしいのが、ピッグス湾事件とキューバ危機を比較して、ケネディ大統領自身、あるいはその委員会を構成しているメンバー個人の意思決定の能力はまったく変わっていない、という点です。ピッグス湾事件で侵攻計画の討議に参加していたのは、前述した通り「ザ・ベスト・アンド・ザ・ブライテスト」と呼ばれる、全世界の中で最も聡明と見なされる人たちであったことを思い出してください。

組織が行う意思決定のクオリティは、必ずしもリーダーやその構成員の思考力やリテラシーに左右されない。むしろ、その組織がどういうメンバーで構成され、どういう前提でもって議論を行い、どのようなプロセスで議論を進めるか——要するに「決め方」によって左右されるのだということを、この二つの事例は示唆しています。

これは本書において繰り返し指摘していますが、イノベーションというのは常に「フレームの書き換え」という側面を含んでいるため、これまでの手順やルールに従って意思決定することは大きな誤謬《ごびゅう》につながることになります。

ケネディが直面した上記の二つの事例は、必ずしも企業活動における意思決定プロセスをなぞったものではありませんが、極めて高度な不確実性を含んでいるという側面——「イノベーションの実現」あるいは「他社によるイノベーションへの防衛」という面で、企業における意思決定と本質的な類似性を持っています。そして、これまでのルールや手順に則って処理できない、このように高度な不確実性をはらんだ事象については、リーダーはまず「正しい結論を決める」ことに意識を集中させるのではなく、「正しい決め方を決める」ということに意識を集中させることが必要です。

＊いつまで待つか？

イノベーションに関連する意思決定に関して、次に取りあげたいのが「なかなか収益化しないイノベーションに、いつまで投資し続けるのか？」という論点です。

おそらくほとんどの企業は新規事業の継続／打ち切りに関して、黒字化や累損解消の時期、あるいはキャッシュフローや内部収益率などの指標を用いて一定のルールを定めていることでしょう。たしかに、こういったわかりやすいルールは、成功の見込みの薄い「スジの悪い」新規事業に企業の体力を奪われることを防ぐためには有効でしょう。しかし一方で、こういった杓子定規なルールが、大きな可能性のあるイノベーションの芽を摘んでしまう可能性があることも意識しておくべきです。なぜなら、イノベーションがもたらすインパクトの大きさと市場への浸透スピードはまったく相関しないからです。

＊なかなか普及しなかった壊血病対策

われわれは、有効性が証明されている明白なイノベーションであれば、有効性が低いイノベーションよりも早期に市場に普及するはずだと考えてしまいがちです。しかし、過去の歴史を見る限り、イノベーションがもたらす便益の大きさと普及の速さにはほとんど相関がありません。人類の歴史は、偉大なイノベーションが意外なほどに普及しなかった類のエピソードに溢れているのです。

たとえば、典型的な事例として壊血病の対策が挙げられます。

16世紀から18世紀にかけての大航海時代において、壊血病は船員たちの死亡原因の第一位でした。ヴァスコ・ダ・ガマ[＊79]のインド航路発見の航海では180名の船員のうち100名が壊血病で死亡したという記録が残っていますから、当時は海賊や海難事故以上に壊血病による犠牲者が多かったのです。今日、壊血病はビタミンCの欠乏によって発症することがわかっており、柑橘類の摂取によって簡単に治癒できることが知られていますが、この病気の原因は長いこと特定することが難しく、その間に多くの人命が失われていったのです。

なかなか対策が見つからなかった壊血病に一筋の光明が見えてくるのは17世紀に入ってからのことです。１６０１年、イギリスの船長ジェームス・ランカスターは、壊血病の防止にレモンジュースが与える効果を検証するために、イギリスからインドに向かう四隻の船の一隻の船員に対して、毎日匙三杯のレモンジュースを与えるという実験を行いました。結果は果たして、レモンジュースを与えられた船員は全員が健康を維持し、他の三隻の船員は278名のうち110名が壊血病で死亡しました。おおお！　さすがに、これほど明白な結果が得られたこともあってイギリス海軍はすぐさますべての船員に対して柑橘類の摂取を義務付けることにし、以後、壊血病は根絶されることになったのです。――というストーリーを読者の皆さんは想像したことでしょう。

しかし、実際の歴史はそうなっておらず、さらに組織的な取り組みが行われることになるのはなんとそれから百年以上経ってからのことで、この間にも壊血病で命を落とす船員は後を絶たなかったのです。

次に壊血病対策に光明が差すのはランカスターの実験からほぼ150年を経た１７４７年のことです。この年、イギリス海軍省の医師ジェームズ・リンドは、食事環境が比較的良好な高級船員の発症者が少ないことに着目し、新鮮な野菜や果物、特にミカンやレモンを摂《と》ることによってこの病気の予防ができることを見出します（ついに！）。その成果を受けて、キャプテン・クック(＊80)の南太平洋探検の第一回航海では、ザワークラウトや果物の摂取に努めたことにより、史上初めて壊血病による死者を出さずに世界周航が成し遂げられることになったのです。

しかし、この成功は半ば「まぐれ当たり」と言ってもいいものでした。というのも、当時の航海では新鮮な柑橘類を常に入手することが困難だったことから、イギリス海軍省の傷病委員会は、抗壊血病薬として麦汁、ポータブルスープ、濃縮オレンジジュースなどをクックに支給しているのですが、これらのほとんどに効果がないことが今日では明らかになっているからです。リンドの主張は「柑橘類が効く」というもので、だからこそ海軍省は大量のオレンジジュースを積みこんだわけですが、これらのオレンジジュースは腐敗防止のために加熱されていてビタミンCは破壊されていたのです。

では何が壊血病を防いだのか？

クックのこの航海において壊血病による死者を出さずにすんだのは、主にザワークラウトのおかげだったことが今ではわかっています。こういった経緯があったために当時はどの食物が効果を挙げたのか今ひとつ判然とせず、おまけに当のクックは「麦汁が効いた」などと帰還後に吹聴したりして混乱に拍車をかけたため、その後も、長期航海における壊血病の根絶はなかなか進みませんでした。

結局、ビタミンCと壊血病の関係について社会的なコンセンサスが得られるのは１９３２年になってからのことです。ランカスターが、壊血病対策には柑橘類の摂取が有効であるという「ほぼ確実な仮説」を得てから、実際にそれが社会的なコンセンサスとなって具体的なアクションが取られるまで、なんと300年以上もかかっているのです。

（＊７９）ヴァスコ・ダ・ガマ（Vasco da Gama、１４６０年頃－１５２４年12月24日／25日）は、ポルトガルの航海者、探検家。ヨーロッパからアフリカ南岸を経てインドへ航海した記録に残る最初のヨーロッパ人であり、しばしばインドへの航路をヨーロッパ人として初めて「発見」した人物であるとされる。このインド航路の開拓によって、ポルトガル海上帝国の基礎が築かれた。

（＊８０）ジェームズ・クック（James Cook、１７２８年10月27日－１７７９年2月14日）は、イギリスの海軍士官、海洋探検家、海図製作者。通称キャプテン・クック（Captain Cook）。

＊最も非効率で打ちにくいキーボード

イノベーションがもたらす便益が火を見るより明らかであるにもかかわらず、普及がなかなか進まなかったという壊血病対策のストーリーを読んで、読者の中には「科学的思考が浸透していなかった大昔の話であって、現代に生きるわれわれはこんな愚かなことはしない」

と思われたかもしれません。

では、次のストーリーについてはどう思われるでしょうか?

現在、われわれが利用しているコンピュータのキーボード配列はＱＷＥＲＴＹと呼ばれるフォーマットを採用しています。キーボードの最上段左側から最初の六文字をとってそう呼ばれているこの配列は、もともと「最も非効率で打ちにくくなるよう」設計されたものだということをご存じでしょうか。現在、ＱＷＥＲＴＹキーボードは、最も効率的に設計されたキーボードと比較して、マスターするのに2倍の時間がかかり、作業には20倍の負担が発生することがわかっています。しかし、ＱＷＥＲＴＹは、１８７３年以来ずっと使用され続けていて、現在でも多くの人が(かつての壊血病対策と同じように)、ずっと効率的なキーボードが存在することを知らずに、腕や指のだるさに耐えながら、この極めて非効率で高負担な設計のキーボードの上で奮闘しているのです。

もともとＱＷＥＲＴＹは、タイピストがキーを叩くスピードをできるだけ遅くしようという目的でクリストファー・ショールズ(*81)が発明したものです。

なぜ「遅く」しようとしたのでしょう?

当時のタイプライターは、ちょうどピアノのハンマーのように、打鍵に連動して活字が紙を打つというメカニズムで機能していたので、あまりに速くキーを打つと活字のバーが絡んでしまったんですね。ショールズは、頻繁に使われる文字を小指や薬指といった不器用な指で叩かざるを得ないように配置し、しかもそれらの距離をできるだけ離すことでキーボードをいわば「反最適化」しました。結果、ショールズの開発したＱＷＥＲＴＹは、やがてすべてのキーボードに採用されることになります。活字が絡みにくいうえ、タイプライターのセールスマンが顧客に「ＴＹＰＥＷＲＩＴＥＲ」と試し打ちする際、とても打ちやすかった、というのがその理由です。

え？　よくわからない？　じゃあ、ご自分で「ＴＹＰＥＷＲＩＴＥＲ」という鍵がキーボードのどの位置にあるか確認してみてください。

一気に普及したＱＷＥＲＴＹですが、やがてタイプライターの性能が向上してくると、ＱＷＥＲＴＹに対する不満が高まってくることになります（そりゃそうだよね、そもそも打ちにくいようにできてるんだから）。不満の高まりを受け、ワシントン大学のオーガスト・ドボラック教授が中心となって研究が続けられ、１９３２年には効率性研究に基づいた新しいキーボード配列が生み出されます。このドボラック先生、数多くの人々がタイプを打っているところを写真に記録し、どのような操作によってスピードが遅くなるかを10年にわたって分析したそうで、その執念にはまことに感服させられます。

ドボラック式では、キーボードの真ん中の段、いわゆるホームポジションに母音とよく使う「T」や「S」といった子音を配列し、あまり使われない文字は上段あるいは下段に配置されています。また、打鍵の70％はホームポジション上で行われ（QWERTYではたった32％）、22％が上段、8％が下段で行われることになります。各指に割り当てられる作業量は各指の器用さや強さに応じて決定されており、連続するキー操作で左右の腕が交互に使われるようにデザインされています。

つまり、一方の手がキーを打っている間に、他方の手が次のキーに移動できるように設計したわけです。QWERTYからドボラックへの移行はほんの1週間もあれば十分であることもわかっており、現在、タイピングのスピードを競う記録保持者は、すべてドボラックキーボードを用いています。

これほど、あらゆる側面でQWERTYに対して優れているドボラックですが、ではドボラックがQWERTYを駆逐して普及しているかというと皆さんもご存じの通り。そのような気配はまったく見られません。ドボラックが開発されてからすでに80年を経ているにもかかわらず、いまだに皆さんを含め、多くの人は非効率なQWERTYを用いているのです

（ちなみに僕が今まさにこの原稿を打っているキーボードもQWERTYです）。

（＊81）クリストファー・レイサム・ショールズ（Christopher Latham Sholes、1819年-1890年）は、アメリカペンシルベニア州生まれの新聞編集者。1837年にウィスコンシン準州に移り住んでのち、「Southport Telegraph」「Kenosha Telegraph」「Kenosha Tribune and Telegraph」「Free Democrat」「Milwaukee Daily News」などの新聞の編集長を歴任した。同時に、1848年から1860年までウィスコンシン州議会議員を務め、その後ミルウォーキー市郵便局長、ミルウォーキー港収税官、ミルウォーキー市公共土木事業局理事などを兼務した。この間、非常に過激とも言える論調で奴隷制廃止と黒人参政権獲得を訴え続けた。ミルウォーキー港収税官だった1867年頃からタイプライターの研究を始め、1872年に実用化に成功した。

＊普及スピードを左右する五つの要素

壊血病対策やドボラックがこれほどまでに浸透しなかったという事実はわれわれに、優れたイノベーションであれば早期に普及するという「印象」が誤ったものであることを教えてくれます。イノベーション普及の論理をつきつめて研究したエベレット・ロジャーズ（＊82）は、イノベーションが普及するスピードを決定する要因として、以下の五点を挙げています。

①相対的優位性
イノベーションが、これまでのものよりもよいと知覚される度合い。
②両立可能性
既存の価値観や過去の体験に対して、イノベーションが一致している度合い。
③複雑性
イノベーションを理解したり使用したりすることの容易《たやす》さの度合い。
④試行可能性
たとえ小規模であっても、イノベーションを採用決定前に試すことのできる度合い。
⑤観察可能性
イノベーションのもたらす結果が他人の目に触れる度合い。

もちろん、イノベーションがもたらす便益の大きさは重要な要素のひとつなのですが、それだけでイノベーション普及のスピードは決まらない、ということです。特にロジャーズは、膨大な量の事例研究から、①の「相対的優位性」と②の「両立可能性」が、イノベーションの普及スピードを左右する最も重要な特性だということを明らかにしています。

（＊82）エベレット・ロジャーズ（Everett M. Rogers、１９３１年３月６日‐２００４年10月21日）はアメリカのコミュニケーション学者、社会学者。アメリカニューメキシコ大学（University of New Mexico）コミュニケーション・ジャーナリズム学科名誉特別教授（Distinguished Professor Emeritus）。イノベーションを社会的に解説した普及学（Diffusion of Innovation）を確立したことで世界的に著名。開発コミュニケーション論（Development Communication）、国際コミュニケーション論（International Communication）、異文化コミュニケーション論（Intercultural Communication）に関する研究でも知られる。著書、論文多数。『Diffusion of Innovation』により、新しい概念や商品、文化などが普及するプロセスを分析し、「イノベーター」「アーリーアドプター」「アーリーマジョリティ」「レイトマジョリティ」「ラガード」のセグメントを定義した。

＊杓子定規なルールは危険

イノベーションが普及するスピードは、そのイノベーションの優劣に必ずしも相関しないという事実は、多くの企業で採用されている累損解消期限や内部収益率といった定量的で杓子定規な判断基準が、イノベーションの成否判断には向いていないことを示唆しています。

前節において説明した通り、イノベーションは研究開発段階から市場化段階へと至るステップで「死の谷」を経由することになります。

ここで問題になるのは「死の谷」はどれくらいの期間続くのか？　という論点です。多くの企業で適用されている杓子定規な撤退基準は、この論点について機械的な答え、つまり「○年を過ぎて利益を生み出さない取り組みは失敗と判断する」というルールを適用しているわけですが、このようなルールとイノベーションとは、非常に相性が悪いのです。

では、撤退基準を緩めればいいのかというと、おそらくそれも難しいでしょう。撤退の意思決定は事業を運営する当事者にとってはメンツの問題が絡むため、どうしても非合理的な情緒に流されてずるずる後回しにされがちです。撤退基準を野放図に緩めることは、組織やその構成員にとって結果的に不幸な事態を招く可能性がある。手詰まりになった、死に体の事業をなんとか蘇生させようと奮闘する営みほど、人を消耗させるものはありません。

では、どうすればいいのか？　結局のところ、これはリーダーシップの問題に行き着くことになるでしょう。杓子定規にルールをあてはめてアルゴリズミックに撤退／継続の意思決定をしていたのではイノベーションの芽を摘んでしまう可能性がある一方で、撤退基準を明確化しなければ組織も構成員も結果的には傷つくことになるリスクが高まる。したがって、ある程度はルールに則った運用をしながら、リーダーが適宜「直観」に基づいて例外処理をすることが求められるのです。

＊リーダーの存在意義

直観!?　そんないい加減なものに頼るの？　と思われるかもしれません。しかし、よく考えてみてください。杓子定規に決められたルールによって撤退／継続の意思決定がなされるようなアルゴリズミックな組織において、リーダーは一体何をするのでしょうか？　すべてのものごとがルール通りに意思決定されるのであればリーダーは必要ありません。これは組織論の基本中の基本ですが、リーダーは「ルールでは判断できない、論理だけでは整理できない例外事項について意思決定する」ために存在しているのです。

例外事項が発生しない環境下において必要になるのはプロセスとルールであって、ヒエラルキーをともなったシステム＝組織は必要ありません。例外事項がないということはすべての処理手続きがルール（＝アルゴリズム）に則って行われるということです。そのような環境では意思決定権限の傾斜は必要ありません。しかし、ほとんどすべての企業は何らかのヒエラルキーを持っている。なぜかというと「例外」が常に発生するからです。ルールでは処理できない例外事象が発生した場合、それをどう処理するかについての意思決定をするのが上司の仕事なのです。そして、この上司にとっても例外的な事象は、さらにその上の上司に判断が委ねられることになります。そしてヒエラルキーの最上位層には、極めて例外性の高い、ある意味で「異常な事象」ばかりが集まってくることになります。そして、イノベーションというのは常に「過去のルールの書き換え」という側面を持っていますから、常に「異常な事象」という要素をはらんでいます。

ルールに則って処理できない、ということを広義に考えてみれば、この「異常な事象」には、いわゆる「論理思考」で解決のできない問題が含まれることになります。論理思考というのは一種のアルゴリズムですから、これで解が出せない問題も同様に組織の上層部に集まってくることになります。結局のところ、個人や組織や社会が立ち向かう問題の中で、最も難しいものは論理思考や手続きによって答えを出すことができないのです。そして、容易に答えを出すことができない問いに対して、「それでも決める、意思決定する」というのがリーダーの仕事なのです。前節においてケネディが向き合った状況に思いを馳せてください。あのような状況下において、手続きや論理思考といったものは、ほとんど役に立ちません。

*「意思決定2.0」は可能か？

イノベーションに関する取り組みが「死の谷」を通りつつあるとき、その「継続」あるいは「撤退」に関する意思決定は、杓子定規なルールや手続きに則るのではなく、リーダーによる「全人格的」な直観によって行われるべきだ、という話をここまでしてきました。しかし将来的に、僕はこの「リーダーの直観」に変わる新しい意思決定のあり様が可能になるかもしれないと考えています。

それは、組織成員全員による、集合的な意思決定の仕組みです。

こう書くと、「おいおい先ほど取り上げた『集団浅慮』の問題を忘れちゃったのかい?」と思われる読者もいらっしゃるかもしれません。たしかに、先述したピッグス湾事件の事例をはじめとして、一般に同質性の高いエリートが集まると「おバカな意思決定」をやってしまうという傾向があることは否定できません。しかし、次の事例を読めば、集合的な知性が持つ潜在的な力を認めざるを得ないのではないかと思うのです。

＊論理思考が通用しないケース

1968年5月、アメリカ海軍所属の原子力潜水艦スコーピオンは、地中海で実施されていた軍事演習を終えてニューポートニューズの母港へ帰る途中、5月21日夕方の定時連絡を最後に消息を絶ちました。ノーフォークへの入港予定日は5月27日でしたがスコーピオンは同日になっても姿を見せず、アメリカ海軍はスコーピオンの遭難を発表するとともに捜索を開始しました。

さて、捜索する以上、まずは場所を特定しなければいけないわけですが、これが悩ましい。というのも、海軍は最後に報告をした際のスコーピオンの位置については把握していたものの、実際に遭難するまでにどれだけの距離を進んだかについてはまったく手がかりを持っていなかったのです。結局のところ、30キロ四方にわたってあたりをつけた深さ数千メートルの海底を捜索するという、途方にくれそうな活動を開始します。

この捜索活動の指揮をとった元海軍士官のジョン・クレーブンは、確率論を応用した手法によって遭難位置を特定するアプローチを採用しました。クレーブンは、スコーピオンに起こった可能性のあるできごとを反映させたシナリオをいくつか作成し、数学者、潜水艦の専門家、海難救助隊などいろいろな分野の専門家による意見交換を行います。そして、そのうえで、「ひとつの結論を出してもらう」代わりに、各人にそれぞれのシナリオの蓋然《がいぜん》性を個別に判断してもらいました。

また、クレーブンは、スコーピオンのトラブル発生の理由や、沈降し海底に衝突した経緯を予測するゲームも行いました。そのゲームでは、シーバス・リーガルのボトルを「形だけの賞品」にすることで参加者たちの関心を集めました。こうして集まってきた断片的な予測を、クレーブンはそれぞれベイズ確率を用いて重ね合わせていき、絞ったポイントを推測地点としたのです。

そのゲームに参加したメンバーのなかで、クレーブンが最終的に算出した地点を選んだ者は誰もいませんでした。これはつまり、最終的に描き出された推測地点は、純粋に集合的なものであって、集団の中の「誰か一人」の予測に収斂《しゅうれん》したわけではない、ということです。果たして、この集合的な推測は極めて正確でした。スコーピオンが消息を絶ってから5カ月後、圧壊した潜水艦が海底に確認されますが、これはクレーブンが作成した推測地点とわずか200メートルしかずれていなかったのです。

このエピソードは、集団の意思決定がうまく機能すると、その集団の中にいる最も賢い人よりもクオリティの高い意思決定が可能になるということを示しています。そしてこの集合的知性の持つ可能性が、企業に新しい意思決定のあり方をもたらしてくれるかもしれないと筆者は考えています。

「消息を絶った潜水艦の沈没位置を特定する」という絶望的に不確実な問題には、論理思考などのアルゴリズミックな問題解決アプローチはまったく通用しません。そしてそれは「未来においてどのようなサービスや商品がイノベーションとして普及することになるのか?」という問いについても同じではないかと思うのです。このような問いに対して論理思考を用いてロジカルに回答しようとするのは不毛を通り越して滑稽というべきで、だからこそクレーブンは極めてヒューリスティックなアプローチを採用しています。

ここで注意しておくべきは、集団による意思決定がきちんと機能するケースとそうでないケースがあるということです。

クレーブンが用いた意思決定のプロセスでは、「賢い意思決定を行う集団」に見られる四つの特性である「多様性(バックグラウンドの異なる人々の集まり)」「独立性(他者の意見に左右されない)」「分散性(自分なりに情報を取得する手段がある)」「集約性(意見をひとつにまとめるメカニズムの存在)」のすべてが、きっちりと押さえられていることがわかります。

筆者が、今このタイミングで集合的な意思決定の仕組みを、イノベーションの実現という文脈において注目するようになったのは、ITの進化によって上記の四つの条件を満たしながら、大きな負荷をかけることなく組織成員が意思決定に参画することが可能になってきたからです。ルソーは『社会契約論』の中で、国民の意思が選良による代理を経ずにそのままダイレクトに政治に反映される「一般意思」の概念について述べていますが、僕が考えているのはまさにこの「一般意思」の企業版（パワードバイＩＴ）だということです。

これまで「経営管理＝マネジメント」の世界では、手足を動かす大勢の人と、意思決定を行うごく一部の人という構造が100年以上にわたって所与の条件とされており、世の中のほとんどの人はそれが当たり前だと思っています。しかし僕は、近代社会が標榜する「自由と平等」という絶対善に対して、企業が真っ向から対立するシステムによって駆動されていることについてつねづね違和感を覚えていました。ＩＴを通じた集合的知性の可能性は、経営管理の「旧式のあり方」を破壊し、社会における真の「自由と平等」の実現に寄与してくれるかもしれないと考えています。

＊コンドルセの定理

「烏合《うごう》の衆」という慣用句が存在していることからも、われわれは一般に「優れた個人」と「雑多な集合」を比較した場合、前者のほうが優れた意思決定能力を持っていると考えてしまいがちです。しかし、過去においてなされた様々な「意思決定のクオリティ」に関する実験や考察は、多くの場合においてそれが成り立たないということを示しています。

ウォール街の投資家で、長年コロンビア・ビジネス・スクールで教鞭をとっているマイケル・モーブッサンは、毎年の授業で、学生たちに「今年のアカデミー賞12部門の受賞者」を当てさせるという実験を行っています。12部門となると、主演男優賞のようなものだけではなく、編集賞や美術賞といったマイナーな賞も含まれます。果たして結果は、たとえば2007年では、学生個人の正解数の平均は12部門中5部門であったのに対して、集団全体では12部門中11部門が正解でした。「烏合の衆」にしては悪くないパフォーマンスです。

先の潜水艦の事例と言い「多数派の意見」がこれほどまでに正解に近づくのはどうしてなのでしょうか？　理由のひとつは18世紀末に活躍したフランスの数学者ニコラ・ド・コンドルセ[*83]の定理によって説明することができます。

コンドルセは、市民革命を経たのち、合理的で健全な市民が民主的なシステムに則って行う意思決定は、王権に基づく権威によるそれよりも優れているという命題の数学的根拠を求めていました。そして、実際に、ほとんどの場合においてその命題は正しいということを証明したのです。根性ですね。これは現在、「コンドルセの陪審定理」と呼ばれています。

コンドルセの定理を簡単に説明すると以下のようになります。

解答の選択肢が二つある場合、集団を形成する個々のメンバーが50％以上の確率で正しい解答を選択できるのであれば、集団内の多数派の判断が正しくなる可能性は、集団が大きくなるにつれて100％に近づくというものです。たとえば、一人一人が正しい解答を選ぶ確率が60％の場合、多数派の判断が正しい確率は17人の集団の場合80％、45人の集団の場合90％になります。

（＊83）コンドルセ侯爵マリー・ジャン・アントワーヌ・ニコラ・ド・カリタ（Marie Jean Antoine Nicolas de Caritat, marquis de Condorcet、1743年9月17日－1794年3月29日）は、18世紀フランスの数学者、哲学者、政治家。社会学の創設者の一人と目されている。ドーフィネのコンドルセ侯爵領の領主であることから、日本では「コンドルセ」と略称されている。陪審定理や投票の逆理（コンドルセのパラドックス）など近代民主主義の原理を数学を用いて考察したことで知られる。

＊コンドルセの定理、六つの前提

コンドルセの定理は、民主的プロセスにおける集団の知恵が持つ可能性を、数学的に証明しているように見えます。しかしながら、この定理は非常に重要な六つの前提の上に成り立っており、これが満たされない限り定理は成り立ちません。

1. 集団内の個人は独立していなければならない
2. 集団内の個人は互いの意見に影響されてはならない
3. 偏りがあってはならない
4. 全員が同じ問題に答えようとしなければならない
5. 正しい答えを導くのに必要な情報がなければならない
6. 問題には正解がなければならない

閣僚や取締役会などに代表される「少数の選良による熟議を通じた意思決定システム」こそが最良であると考えている人にとって、「人数が多くなればなるほど、解答の精度は高まる」という指摘、あるいは「集団の個人は独立しており、他者の影響を受けてはならない」という指摘は、強い違和感を催させるものでしょう。

まず「人数が多くなればなるほど、解答の精度は高まる」という点について考察してみましょう。先述した通り、通常われわれは情報収集力および判断力の両面に優れた少数のリーダーが行う意思決定のクオリティを、集団のそれよりも高く評価する傾向にあります。しかし、過去に行われた様々な検証を通じて、こういった「知的リーダー」による意思決定のクオリティは、必ずしも高いわけではないことが明らかにされています。

たとえば、1984年に雑誌「エコノミスト」は、今後10年の経済成長率、インフレ率、為替レート、石油価格、その他基本的な経済数値を、様々な立場にある合計16人の人物に予測してもらう、という実験を行いました。その16人とはすなわち、4人が元財務大臣、4人が多国籍企業の経営者、4人がオックスフォード大学の経済学専攻の学生、そして最後の4人が清掃作業員でした。10年後、同誌が結果を検証したところ、結果は一様に惨憺《さんたん》たるものでしたが、あえて優劣をつければ、1位は同着で清掃作業員と企業経営者、ビリは元財務大臣という結果でした。

＊「専門家」の予測は「あみだくじ」レベル

この問題について、さらに大規模な検証を行ったのがカリフォルニア大学ハース・スクール・オブ・ビジネスのフィリップ・テトロックです。テトロックは、大学・政府・シンクタンク・メディアで活躍する著名な専門家を284人集め、彼らによる経済や社会に関する将来予測を2万7450も収集し、その結果を検証しました。

結果は、同様にやはり「惨憺たる」ものでした。テトロック自身は、さらに辛辣に「専門家と言われる人の予測は、ダーツを投げるチンパンジーにも負けただろう」と結果を評価しています。

つまり、経済学者やシンクタンクの研究者、コンサルタントといった「専門家」の予測というのは、われわれがイメージしているよりも遥かに精度が低く、ほとんど「あみだくじ」程度の正確さしかないということです。

*熟議は無意味？

次に、コンドルセの定理が成り立つための別要件である「集団の個人は独立しており、他者の影響を受けてはならない」という点について考察してみましょう。コンドルセが主張したこの要件は、要するに意思決定をする際に他人と議論するな、ということです。民主主義社会において、熟議は意思決定のクオリティを維持するための根本要件と考えられており、この主張はわれわれの通念とは矛盾しています。しかし、この要件もまた多くの検証によって、その正しさが証明されているのです。

ジェームズ・スロウィッキーはその著書『「みんなの意見」は案外正しい』（角川文庫）で、イギリスのテレビ番組「億万長者になりたいか！」を取り上げて上記の命題が正しいことを説明しています。

このクイズ番組では、視聴者から選ばれたクイズ解答者は、自分の答えに自信がない場合、スタジオの観客に多数決をとってもらう＝「オーディエンス」か、あるいはテレビ局が用意したその筋の専門家に解答を尋ねる＝「エキスパート」のどちらかに助けを求めることができます。そして、長年にわたる放映の結果を定量的に分析した結果は、平日午後なのに他に何もすることがなく番組の応援に暇つぶしに来ている人々による多数決が90％の確率で正解を選んだのに対して、専門家の解答は66％の正解率に留まったのです。

この事例は、たしかに「コンドルセの定理」の模範的な事例に思えます。判断は相互に独立しており、観客に偏りはなく、全員が同じ問題に答えようとしており、問題には正解があります。ただしこの場合、観客の一人一人が50％以上の確率で正解を導くという前提は満たされていません。しかし、これはこれでかまわないのです。少数の人が正解を知っており、残りの人はあてずっぽうに解答する場合でも集団の知恵は機能するからです。簡単な計算で検算してみればすぐにわかります。

スコット・ペイジは、この問題を検証するために次のようなクイズを用いています。曰《いわ》く、「ピーター・トーク、デイヴ・ジョーンズ、ロジャー・ノール、マイケル・ネスミス。以上のうち、モンキーズのメンバーでないのは誰？」

100人の人にこの質問をしたとして、たとえば68人はまったく手がかりを持っておらず、15人はモンキーズのメンバーを1人だけ知っており、10人は2人の名前を、7人が3人の名前を知っていたと仮定してみましょう。

ちなみにこのクイズ、正解はロジャー・ノールなのですが、では実際に100人の集団がどれくらい正解を見出せるのかを考えてみます。

何も知らない68人は無作為に選択するしかありませんから確率的に四分の一にあたる17人がノールを選ぶことになります。1人の名前を知っている15人は、自分の知らない3人の中から選ぶので、5人がノールを選ぶことになります。10人は自分の知らない2人の中から選ぶので5人がノールを、そして正解を知っている7人は全員がノールを選ぶということで、したがって合計34人がノールを選ぶことになります。

他の選択肢を平均するとそれぞれ22票となるので、比較すればノールが正解であることは明白になります。実際には統計的なバラつきがあるため、この予測は必ずしもその通りになるわけではありませんが、集団の規模が大きくなればなるほど精度は高まり、集団の規模が100万人にもなれば得票数の差は決定的な意味を持つことになります。つまり、大きな組織であればあるほど、集合的意思決定のクオリティは高まる側面があるということです。

＊日本企業における「集合的意思決定」

集合的な意思決定が、複雑性の高い問題について、かなり「いい線」を行く解を導くことができるという事実は、日本企業の意思決定のあり方にいろいろな示唆を与えてくれるように思うのです。

組織における集合的な意思決定の仕組みと、その可能性を初めて論じたのはルソー（＊84）でした。彼は、著書『社会契約論』の中で、市民全体の意思を「一般意思」という概念で定義し、代議制にも政党政治にもよらない「一般意思に基づいた統治」こそが理想であるという考えを提唱しました。ルソーの説いた一般意思は非常に奇妙な概念で、多くの後世の社会学者や思想家を困惑させているのですが、現在の水準まで発達したデジタルテクノロジーとネットワークを活用すればこれが可能になるかもしれないと指摘しているのが、思想家の東浩紀先生です。少し長くなりますが抜粋しましょう。

民主主義は熟議を前提とする。しかし日本人は熟議が下手だと言われる。AとBの異なる意見を対立させ討議の果てに第三のCの立場に集約する、弁証法的な合意形成が苦手だと言われる。だから日本では二大政党制もなにもかもが機能しない、民度が低い国だと言われる。けれども、かわりに日本人は「空気を読む」ことに長けている。そして情報技術の扱いにも長けている。それならば、わたしたちはもはや、自分たちに向かない熟議の理想を追い求めるのをやめて、むしろ「空気」を技術的に可視化し、合意形成の基礎に据えるような新しい民主主義を構想したほうがいいのではないか。そして、もしその構想への道すじがルソーによって二世紀半前に引かれていたのだとしたら、そのとき日本は、民主主義が定着しない未熟な国どころか、逆に、民主主義の理念の起源に戻り、あらためてその新しい実装を開発した先駆的な国家として世界から尊敬され注目されることになるのではないか。

民主主義後進国から民主主義先進国への一発逆転。

(東浩紀『一般意思2.0』講談社、P6〜7より)

本書をここまでお読みいただいている読者には、東先生の指摘が要するに「集合知を政治に活用できるかもしれない」という仮説であることがおわかりいただけるでしょう。大変にポジティブなトーンで書かれており、筆者などは蒙《もう》を啓《ひら》かれた思いがしたのですが、地に足をつけて考えてみるとこの論考には決定的な欠陥があることがすぐにわかります。

というのも、「誰が一般意思を汲み取るシステムを作り、運営するのか」という問題についての言及が抜け落ちているからです。東先生は、集合知を不特定多数から吸い上げる技術の成功事例としてグーグルを挙げており、同様の仕組みを拡張させて社会運営における意思決定に活用できるのではないかという論旨を述べているのですが、グーグルは秘密主義で悪名高く、検索結果を導出するアルゴリズムはブラックボックスになっていてごく一部の関係者しかアクセスできません。つまり、グーグルが依拠している民主主義（と彼らが呼ぶもの）は、一部のごく限られた人しか関与できないアルゴリズムとシステム、つまりテクノクラートによって支えられているわけで、本質的なパラドックスを含んでいるのです。(＊85)

（＊84）ジャン＝ジャック・ルソー（Jean-Jacques Rousseau、1712年6月28日 - 1778年7月2日）は、ジュネーヴ共和国に生まれ、主にフランスで活躍した哲学者、政治哲学者、教育哲学者、言語哲学者、作家、作曲家である。現在では哲学者、思想家というイメージが強いが存命当時はどちらかといえば作家として知られていた。

（＊85）こう指摘すると「アルゴリズム自体も集合知によって開発／運営すればいい」といったナイーブな反

論が返ってくるかもしれない。しかしグーグルのページランクシステムはグラフ理論を用いており、完全な理解にはある程度の数学的なリテラシーが求められる。したがって、これが仮に公開されたとしても本質的な意味での民主的運営は難しいと思う。ちなみに筆者も論文を読んだことがあるが、コンセプト自体はシンプルで理解可能なものの、細部は率直に言ってチンプンカンプンだった。

*「時代遅れの専門家」

市民全員の一般意思を吸い上げるためのシステムとアルゴリズムがごく一部の人によって制御されていて開示されないのであれば、そのシステムから出力される一般意思が本当に市民のそれを代弁するものであるかどうかは誰にも保証できないでしょう。むしろ、そのような「極端な情報の非対称性」をはらんだシステムが絶対的な力を持てば、ジョージ・オーウェルが『1984』で描いたビッグブラザーと同様の「絶対権力」に堕する可能性もあります。実際にルソーは「一般意思が個人に死を命じれば個人はそれに従わねばならない」とまで述べており、「偉大なるコモンセンスの人」バートランド・ラッセル(*86)から「ヒトラーはルソーの帰結である」と名指しで攻撃されてもいます。(*87)

ということで、このグーグル型のシステムを社会的な意思決定に用いるという可能性に筆者は極めて否定的かつ懐疑的なのですが、これが「企業組織」ということになれば話は別です。社会では許されない「ブラックボックスによる意思決定」が企業の場合は許されるからです。

どうして？

今現在、すでにほとんどの企業の意思決定はブラックボックスになっているからです。しかも多くの場合、その性能は今ひとつパッとせず、しかも明確な悪化傾向にある。その理由は、これまで本書においてさんざん指摘してきたように、上級管理職が資産として蓄積しているスキルや知識が、急速に時代遅れになってきているからです。つまり彼らの多くは「時代遅れの専門家」になりつつあるということです。

そして本節では、そもそも専門家の判断能力は過大評価されており、高度に複雑な問題に対する解は、しばしば情報劣位にある「不特定多数」のそれに劣ること、また「不特定多数」の人数が増えれば増えるほどに集団が生み出す解の精度は高まることを指摘してきました。その上で、さらなる環境変化によって知的資産が急速に陳腐化しつつある中、上級管理職や経営管理者に組織の重要な意思決定を今後も任せるというのは、筆者にはどうにも非合理に思えてなりません。実装の問題はあるにせよ、企業組織をはじめとしたあらゆる組織は、今後の意思決定のあり方について抜本的な再考を求められる時期にきているのではないでしょうか。

（＊86）バートランド・アーサー・ウィリアム・ラッセル（Bertrand Arthur William Russell, OM, FRS、1872年5月18日‐1970年2月2日）は、イギリスの哲学者、論理学者、数学者。1950年ノーベル文学賞受賞。
（＊87）『バードランド・ラッセル著作集　第14』みすず書房、P74より。

第四章　イノベーションを起こせるリーダー、起こせないリーダー

俺たちはみんなドブの中にいる。
でも、そこから星を見上げているやつらだっているんだ。
オスカー・ワイルド

リーダーシップのパターンを知る

*リーダーシップと「フォーチュン500」

この章では、「フォーチュン500」のうち「世界で最もイノベーティブな組織」としてランクインした組織で発揮されているリーダーシップが、どのように他の組織（特に日本企業）と異なるのかについて説明したいと思います。

なお、ここで筆者が言及している「リーダー」とは、経営トップではなく中間管理職まで含んだ役職者、すなわち「どんなに小さなチームであったとしてもフォロワーを率いる立場にいる人すべて」を指す概念だと考えてください。当然ながら、本章で考察の立脚点となっている統計データの母集団も、経営トップから課長層までを含んだものとなっています。

＊最適なリーダーシップは文脈で決まる

リーダーシップは書籍やビジネス雑誌、あるいは講演会などでよく扱われるテーマではありますが、では読者の皆さんはこう思われたことはないでしょうか？

様々な論者が各人の体験をもとにリーダーシップの開発や本質について話していて、それなりにどれも真実のように感じられるけれども、主張のほとんどは「その人ならでは」の人格や能力に依拠しているようにも思える。だいたい、それらの主張を横に並べてみると相矛盾する指摘もあったりするし、どうも何が自分にとって正しいのか判然としない。一体リーダーシップとは何なのだ——と。

多くのリーダーシップに関する論考が不毛な「青年の主張」になりがちなのは、それらの主張が、文脈＝コンテキストからリーダーシップを分離し、どのような文脈でも通用する

「普遍的な原理」としてそれを捉えているからです。リーダーシップというのは文脈＝コンテキストに照らし合わせてみないと有効性の議論ができない大変相対的な概念で、チームメンバーの能力レベルや組織の置かれた状況が違ってくれば有効なリーダーシップのあり方も変わってきます。たとえば、優秀で動機付けされた部下が多数存在する組織では、「ビジョンだけ示して任せる」というリーダーシップのあり方が有効である一方、未熟な部下が多く、組織が危機的状況にあるのであれば「指示命令と信賞必罰」によるリーダーシップが望まれるでしょう。

別の言い方をすれば、リーダーシップとは、「リーダーとフォロワーの関係性」あるいは「リーダーをとりまく周囲の環境との関係性」の中で成立する概念であって、「リーダーの属性」として独立する概念ではないということです。この点を踏まえず、どんな状況でも通用するかのようにリーダーシップのあり様を議論してしまうのは、シチュエーションを考慮せずに道具の有効性を主張するのと同じことですから大きな誤謬《ごびゅう》のもとになります。

＊乱世の首相・チャーチル

リーダーシップは文脈＝コンテキストに左右される、ということを明示的に示してくれるのがチャーチルのエピソードです。

大英帝国の首相としてヒトラー率いる第三帝国との戦いを導いたウィンストン・チャーチルは、第二次世界大戦が始まった当時、半ば政界を引退しており著作にふける日々を送っていました。そのまま戦争が始まらなければ、ガリポリの戦い(*88)で大失態を演じた元海軍相として静かに歴史の表舞台から姿を消していたはずです。しかし、1939年にドイツはポーランドに侵攻、イギリスはドイツに宣戦を布告し、チャーチルは内閣に招かれて海軍大臣に返り咲くことになります。この際、イギリス海軍が艦隊に「Winston is back ＝ウィンストンが返ってくる」と打電したのは有名な話です。その後、1940年には首相に任命され、自ら国防相を兼任して挙国一致内閣を率いて戦時指導にあたり、イギリスを勝利に導きました。

しかし、チャーチルが類まれなリーダーシップを発揮したのはここまでで、終戦直前に保守党は労働党に敗れ、終戦を待たずにチャーチルは首相の座を去ることになります。つまりチャーチルは、リーダーとして連合国を勝利に導いておきながら、首相として終戦を祝えなかったのです。その後、もう一度首相に返り咲くことになるものの、在任期間中のイギリスは衰退の道を辿ることに終始し、また外交問題にも悩まされ続けることになります。結局、彼のリーダーシップは、1940年代の欧州において大英帝国を率いてヒトラーの第三帝国と戦う、という極めて限定的なコンテキストにおいてのみ存分に発揮されたということで、その前後においては有効に機能しなかったということです。

（＊88）第一次世界大戦中、連合軍が同盟国軍のオスマン帝国首都イスタンブル占領を目指して行ったガリポリ半島への上陸作戦。連合軍は、当時国家として末期症状であったオスマン帝国軍を軽んじて短期決戦を想定して挑んだものの、オスマン側の予想外の頑強な抵抗にあって多大な損害を出して撤退、作戦は失敗に終わった。

＊六つのリーダーシップスタイル

コンテキストによって求められるリーダーシップのあり様は異なる、ということは、リーダーシップには複数の側面があり、それらの組み合わせをいわばポートフォリオのようにコンテキストによって使い分けられるのが最も有能なリーダーだということになります。

では、そもそもリーダーシップのあり様にはどのようなパターンがあるのでしょうか？

ヘイグループは「有能なリーダー＝結果を残す人々」に共通して見られる行動特性を整理し、六つのリーダーシップスタイルが存在することを明らかにしています（図5）。注意してほしいのは、一見すると矛盾するようなスタイルが並列で記述されているという点です。

図5　6つのリーダーシップスタイル

管理職がどのように部下に方向性を示し、働きかけ、評価・育成しているかの類型

たとえば、
◆部下を巻き込む・考えさせる
◆方向性や目標を示す
◆明瞭な指示を与える
◆部下の人間関係に配慮する
◆フィードバックを行う
◆部下の貢献・行動を評価する
◆部下を指導育成する

指示命令	言ったとおりにやれ **＝即座の服従**	いつまでに、何をやるかを細かく指示し、進捗をチェック
ビジョン	「なぜ」をわからせる **＝長期視点の提供**	「なぜ、その仕事が必要なのか」を背景や関連情報も含めて理解させる
関係重視	まず人、次に仕事 **＝調和の形成**	本人や家族の状況を気にかけ、情緒的な関係、人と人とのつながりを重視
民　主	メンバーの参画 **＝情報の吸い上げ**	メンバーから意見を吸い上げ、意思決定の際に衆知を結集させる
率先垂範	先頭に立つ **＝模範の提示**	仕事の進め方を行動で示し、困難の際には自ら対応する
育　成	長期的な育成 **＝能力の拡大**	多少時間がかかっても、部下の成長を優先し、相手に合わせて指導やフィードバックを行う

たとえば「指示命令型」は、部下に対する即座の承諾と服従を求めるというリーダーシップですが、これは組織の長期的な方向性を示して鼓舞する「ビジョン型」とは正反対のリーダーシップスタイルです。

フランスの思想家、文学者のアントワーヌ・ド・サン・テグジュペリ(*89)は「もし船を造りたいのなら、男たちをかき集めて森に行かせ、木を集めさせ、のこぎりで切って厚板を釘で留めさせるのではなく、海へ漕ぎ出したいという情熱を男たちに教えねばならない」と言っています。これは典型的な「ビジョン型」リーダーの主張と言えます。

リーダーシップの議論では、一般的にこのような「ビジョン型」のほうが「指示命令

型」のリーダーシップスタイルよりも好ましいトーンで語られることが多いのですが、何らかの理由で喫緊に海に漕ぎ出さなくてはならない状態、たとえば火山が噴火して溶岩流が近づいているような状況では「情熱を教える」よりも、とにかく森に行って木を切って船を組み立てさせる「指示命令型」のリーダーシップスタイルが必要でしょう。つまり、あくまでリーダーシップスタイルの是非は、その文脈＝コンテキスト次第で決まるということです。

他にも、たとえば部下に任せるよりもまず自らが率先して行動するという「率先型」と、部下の育成を尊重し信頼して任せる「育成型」は、正反対のリーダーシップスタイルだと言えますが、人材資源に乏しいベンチャー企業であれば選択の余地なく「率先型」にならざるを得ない一方、人材資源が豊富にあって事業環境が安定的な状態にあれば「育成型」のリーダーシップスタイルが望ましいといえます。

（＊89）アントワーヌ・マリー・ジャン＝バティスト・ロジェ・ド・サン＝テグジュペリ（Antoine Marie Jean-Baptiste Roger, comte de Saint-Exupéry、１９００年6月29日 - １９４４年7月31日）は、フランスの作家、操縦士。郵便輸送のためのパイロットとして、欧州～南米間の飛行航路開拓などにも携わった。読者からは「サンテックス」の愛称で親しまれる。「ロジェ」までが個人名、「サン＝テグジュペリ」が姓。爵位は伯爵。『南方郵便機』『夜間飛行』『星の王子様』などの作品で知られる。

図6　リーダーシップスタイルの対比

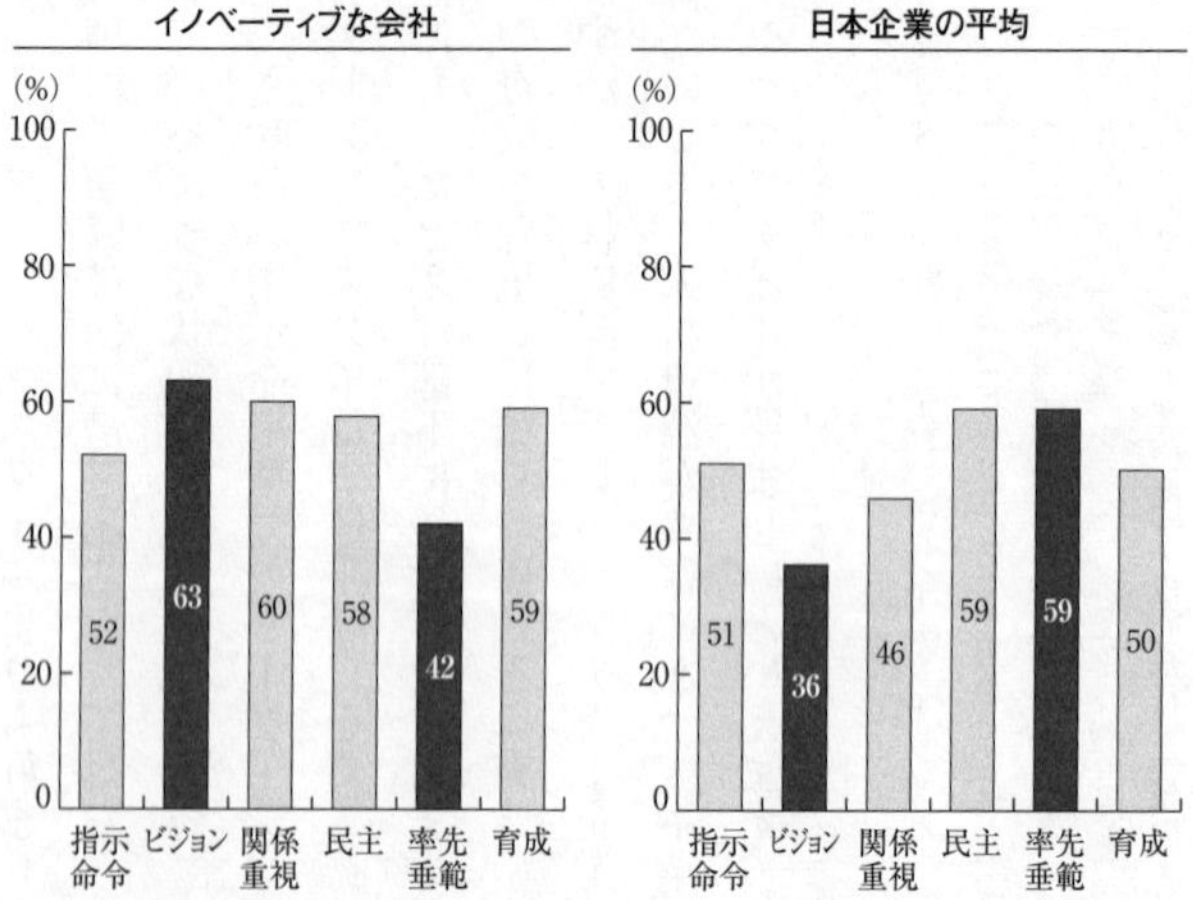

＊イノベーションを起こすリーダー

では、具体的にイノベーティブな組織のリーダーはどのようなリーダーシップスタイルを発揮しているのでしょうか？　図6を見てください。

ヘイグループの調査によると、「フォーチュン500」の中でも「最もイノベーティブ」であると考えられる企業において発揮されているリーダーシップスタイルは、「ビジョン型」が63パーセンタイルと最も高く、「率先垂範型」が42パーセンタイルと最も低くなっています。(＊90)これは、組織の管理職が、目指すべきゴールを明確化している一方、日々の業務レベルへの介入は最小限に留めながら組織を率いていることを示唆しています。つまり、先ほどのサン・テグジュペリの言葉を借りれば「海へ漕ぎ出したいという情熱」を訴えることで組織を動かしているということです。

一方、同項目について日本企業の平均を見てみると、「率先垂範型」が59パーセンタイルと最も高く、「ビジョン型」が36パーセンタイルと最も低くなっており、先述した「最もイノベーティブな組織」とは真逆のリーダーシップスタイルを示していることがわかります。(*91)これは、組織全体の向かうべき方向性や達成すべきゴールを管理職が明確化せず、日々の業務に介入することで組織を回していることを示唆しています。中長期的なゴールを示していないので権限の移譲も進まず、上位管理職が日々の業務に介入することで「目先の火消し」に奔走していることが窺えます。つまり、こちらは「森に行かせ、木を集めさせ、のこぎりで切って厚板を釘で留めさせる」ことに奔走している、ということです。

リーダーシップスタイルを算出するために用いられているパーセンタイル値の母集団は、ヘイグループが全世界で行っている経営幹部・管理職アセスメントの参加者ですから、日本企業のリーダーが示している36パーセンタイルというビジョン型のスコアはイノベーティブな組織はもちろん、グローバルの標準的水準と比較しても際立って低いものと言えます。

「イノベーションの促進」となると即座に開発人材の創造性や商品開発プロセスに目が行きがちですが、われわれの分析結果は、組織の舵を取る立場にあるリーダーシップにも大きな問題があるということを示しています。


（＊90）サンプル数は３０６１。データ収集期間は２０１１年１月１日〜12月31日。

（＊91）サンプル数は４５９２。データ収集期間は２０１１年10月１日〜２０１２年９月31日。

＊「その先」を示すのがリーダーの仕事

言うまでもないことですが、欧米社会におけるリーダーシップのあり様には聖書が強い影響を与えています。旧約、新約を問わず、聖書には繰り返し「集団が危機的状態に陥り、それを救うためにリーダーが立ち上がって集団を率いて危機を脱する」という構図のストーリーが登場しますね。典型的なものには旧約聖書の出エジプト記やノアの方舟があります。「ここ」から「ここではない別の場所」へ。そしてその「別の場所」がどこなのか、どのような場所なのかを知っているのはリーダーしかいないというストーリーです。

たとえば、旧約聖書の出エジプト記では、モーセはヤハウェから「乳と蜜の流れる地＝カナンへ行け」と示され、ブーブー言うイスラエルの民を率いていくことになります。途中で海とエジプト軍に挟まれて進退窮まったときなど「お前のせいでヒドい目に遭った。こんなことになるなら来るんじゃなかった」と言われてリーダーシップが崩壊するような状況も経験することになるわけですが(＊92)、一貫しているのは常に「移動」の最中において様々な事件が起きていくということです。

つまり、リーダーシップの本質の一面は「移動」にあり、その必然的結果としてリーダーは常に「行き先」を示すことが求められるということです。ところが、先述のリーダーシップスタイル調査の結果は、日本企業のリーダーは、組織メンバーに対して「行き先」を示していないということを示しています。

この「行き先を示さない」リーダーシップは、組織のイノベーションを停滞させる大きな要因になっていると考えられます。

現在、多くの日本企業は進むべき「行き先」をなかなか見出せない状況に陥っています。高度経済成長の時代から1990年代の前半にかけて、リーダーは「行き先」を指し示す必要がありませんでした。なぜならアメリカというトップランナーをひた走りに追いかければよかったからです。マラソンで言えば、第2グループから抜け出して第1グループを追いか

図7　1989年時点の時価総額ランキング

（単位:100万ドル）

順位	社名	時価総額	順位	社名	時価総額
1	NTT	183,599	16	日本長期信用銀行	34,127
2	住友銀行	76,188	17	日立製作所	34,081
3	日本興業銀行	73,977	18	AT&T	33,820
4	第一勧業銀行	69,508	19	ロイヤル・ダッチ・シェル	33,404
5	富士銀行	68,412	20	東海銀行	33,121
6	IBM	65,228	21	関西電力	32,225
7	三菱銀行	62,326	22	三井銀行	31,073
8	エクソン	60,504	23	フィリップモリス	28,425
9	東京電力	59,929	24	BT	28,001
10	三和銀行	54,234	25	三菱重工業	27,918
11	トヨタ自動車	53,244	26	日産自動車	27,755
12	野村證券	49,702	27	東芝	27,152
13	新日本製鐵	46,815	28	三菱信託銀行	26,863
14	GE	40,144	29	フォード	26,169
15	松下電器産業	37,166	30	GM	25,870

出所：モルガン・スタンレー・キャピタル・インターナショナル・パースペクティブ

け、さらに第1グループに追いついたら次はトップランナーを追いかけるということをずっと続けていればよかった。ところが、1980年代の後半にとんでもないことが起こってしまう。あろうことか自分がトップランナーになってしまったのです。1989年3月時点での時価総額世界ランキング（図7）を見ると、トップ30位のうちなんと21社までもが日本企業になっています。

これは「トップランナー」を追いかけるという戦略以外に、組織に方向を与える術《すべ》を知らなかった多くの日本企業のリーダーにとってとても不幸なできごとだったと言えます。

リーダーの多くは「行き先」を示すことができず、多くの企業が絵画や金融商品、不動産を購入するという愚挙に出ます。この後、日本企業の多くは長く続く迷走状態に突入していくのです。これはトップランナーに追いついた後、ここから先「どこに向かうのか?」を示せなかったリーダーシップの問題です。

（＊92）出エジプト記14・12あるいは同16・3。このあたりのモーセの挙動は完璧に中間管理職のそれであり、実にいたたまれない。

共感を得るビジョンを打ち出せ

＊「青年の主張」のようなビジョンは……

ここまで読まれた読者の方は、ここで少し困惑されるかもしれません。というのも現在の日本企業の多くは何らかの形でビジョンを打ち出しているからです。筆者は「その先」を示せていないことがイノベーション促進にあたっての日本企業の課題だと指摘しているわけですが、たしかに多くの日本企業がビジョンを打ち出しているという現状と、この指摘は不整合に思われるかもしれません。しかしこれは不整合ではないのです。なぜなら、多くの企業が打ち出しているビジョン（と彼らが称するもの）は、最も重要なポイントを満たしていないからです。

ビジョンに求められる最も重要なポイント――それは「共感できる」ということです。リーダーの仕事とは究極的に「ここではないどこか」を指し示し、そこに向けてフォロワーをリードしていくことだということはすでに指摘しました。「ここではないどこか」へ、フォロワーを駆動させるために必要になるもの。それが「共感」です。自分も一緒にそこへ行きたい、そのために自分の能力を捧げたいと心の底から思うこと、つまり「フォロワーシップ」が生まれることで初めて、それと対になるリーダーシップが発現するのです。ところが、多くの日本企業のビジョンは、その事業に参画する人にとって「共感できる」ものになっていません。

では、どのようにすれば「共感」を獲得できるビジョンを打ち出せるのでしょうか？　歴史上、多くの人を巻きこんで牽引することに成功した営みには、ビジョンに関する三つの構成要素が存在しています。

それはすなわち「Ｗｈｅｒｅ」「Ｗｈｙ」「Ｈｏｗ」という三つの要素です。順に説明していきましょう。

＊喚起力のある「Ｗｈｅｒｅ」を提示する

共感できるビジョンに必要な三要素のひとつが「Ｗｈｅｒｅ」になります。「Ｗｈｅｒｅ」とはつまり、「ここではないどこか」を明示的に見せるということですが、日本企業が示すビジョンはこの点に関連して大きく二つの過ちを犯しているようです。

ひとつは、過度に抽象的なビジョンを設定してしまうという過ちです。典型的には「○○の技術をフルに活用し、もって社会と取引先の発展に貢献する」といったようなビジョンですね。たしかに、書かれていることは絶対善と言えるもので反論の余地がありません。ただ、ビジョンの要件である「共感」をこの文言から喚起できるかというとなかなか難しいのではないでしょうか。

なぜ難しいか？

抽象的すぎるからです。ビジョンというのはつまり、明示化された「ここではないどこか」ということですが、あまりに抽象的なビジョンを打ち出してしまうと「ここではないどこか」と「ここ」の違い＝ギャップが明確化できないんですね。「ここではないどこか」と「ここ」の違いが明確にならないのであれば、「ここ」からわざわざ重い腰を上げて動かないでもいいじゃないかと普通の人は思いますよね。

ではもっと具体的なビジョンを掲げようと思いっきり逆側に振り子を振ると、今度は二つ目の過ちを犯すことになります。

それは過度に定量化されたビジョンを設定してしまうケースです。具体的には「○○年までに、売上高××を達成する」とか「○○年までに、海外売上高××%を達成する」といったものです。しかしながら、やはりこれはこれで「ここではないどこか」の記述になっていません。「ここではないどこか」は、それがありありと目に浮かぶような喚起力のあるものでなくてはなりません。そもそもビジョンやビジュアルという言葉は、ラテン語の「ｖｉｄｅｒｅ＝見る」が語源ですから、視覚的なイメージを喚起させることが必要です。

この点でお手本になるのが、公民権運動の指導者だったキング牧師の演説でしょう。少し長くなりますが抜粋をここに引用しておくので、どれほどヴィヴィッドに視覚に訴えかけるものになっているか、ぜひ感じ取ってみてください。

I have a dream that one day on the red hills of Georgia, the sons of former slaves and the sons of former slave owners will be able to sit down together at the table of brotherhood.

［私には夢がある。いつの日かジョージアの赤土の丘の上で、かつての奴隷の子孫たちとかつての奴隷所有者の子孫たちが同胞として同じテーブルにつくことができるという夢です］

I have a dream that my four little children will one day live in a nation where they will not be judged by the color of their skin but by the content of their character.

［私には夢がある。私の四人の幼い子供たちが、いつの日か肌の色ではなく人格そのものによって評価される国に住めるようになるという夢です］

I have a dream that one day, down in Alabama, with its vicious racists, with its governor having his lips dripping with the words of "interposition" and "nullification", one day right there in Alabama little black boys and black girls will be able to join hands with little white boys and white girls as sisters and brothers.

［私には夢がある。いつの日かこのアラバマ州でも、目下のところ悪意に満ちた人種差

別主義者に牛耳られ、「(連邦政府の)干渉排除」や「(連邦法の実施の)無効化」を主張している州知事のいるアラバマ州においてさえ、将来いつの日か、幼い黒人の少年少女たちが、幼い白人の少年少女たちと兄弟姉妹として手に手を取ることができるようになるという夢です」

I have a dream that one day every valley shall be exalted, and every hill and mountain shall be made low, the rough places will be made plain, and the crooked places will be made straight; "and the glory of the Lord shall be revealed and all flesh shall see it together."

[私には夢がある。いつの日にか、すべての谷は隆起し、丘や山は低地となる。荒地は平らになり、歪んだ地もまっすぐになる日が来ると。「そして神の栄光が現れ、すべての人々が共にその栄光を見るだろう」]

こうやって読み返してみると、このキング牧師の演説がいかに「視覚イメージへの訴求」を意識したものになっているかおわかりいただけるでしょう。もしこのキング牧師の演説が

「私の目標値としては上級管理職に就いている黒人の比率を現在の5％から17％へ、また、現在8％と低迷している大学進学率を20％へと上げることを目標に善処したいと考えております」といった内容のものであれば、彼のスピーチが世界を変えるきっかけになることはなかったでしょう。

「ここではないどこか＝Ｗｈｅｒｅ」を目に見えるようにヴィヴィッドに指し示す。たしかに、これは言葉で言うほど簡単なことではないかもしれません。しかし、だからこそリーダーというのは誰にでもできる仕事ではないということでもあるのです。

＊マイケル・ジョーダンのモチベーション

この点についてはぜひあらためて考えてみてほしいのですが、リーダーとは、フォロワーの人生をどのような企てに投下するかを意思決定する「権限と責任」を持っている人たちのことです。そのような立場にあるリーダーが、フォロワーの心を鼓舞できるような「Ｗｈｅｒｅ」を示さないまま、いたずらにフォロワーの人生を組織の延命のために浪費しているとすれば、それはほとんど犯罪ですらあると筆者は思っています。

雇用の流動性が低い日本では、「Ｗｈｅｒｅ」を示せないリーダーのもとにもフォロワーは留まり続けるかもしれません。(＊93) しかし、リーダーがこのような状況にあぐらをかいて「Where」の提示を怠ることは職業倫理として許されないと思います。

もしあなたが組織を率いるリーダーで、人を鼓舞するような「Where」をなかなか提示できないのだとすれば、それは大きく二つの原因が考えられます。

ひとつ目の原因が、そもそもやろうとしている営み自体に、人を共感させるような絶対的価値がないのかもしれないということです。あってもなくても誰も困らない商品やサービスの実現や改善に対して、人が心を沸き立たせることはないからです。

しかし、こういったケースはあまりないのではないでしょうか。論理的に考えれば、現在のように競争の厳しい社会ですでに世の中に存在している商品やサービスは、とりもなおさず誰かから価値を認められ、必要とされているはずです。その度合いはともかく、人を共感させる絶対的な価値がない営みというのは存在し得ないと思うのです。

「Where」を提示できない二つ目の原因仮説は、自分たちが行っている営みの価値を突き詰めて考えられていない、何を実現したいのかについて浅いレベルの思考しかしていない、というものです。おそらく、ほとんどのケースはこちらが原因なのではないでしょうか。

自分は何のためにこの仕事をしているのか？　ということを言葉にしようとするとなかな

か難しいことに気づくはずです。表面的にやっていることではなく、この仕事を通じて何を実現しようとしているのか？　そこに深く思いを巡らせないと、単なる企業活動の羅列になってしまうからです。

個人や組織が究極的に成し遂げようとしていることは、必ずしもその活動の内容の延長線上にあるわけではありません。たとえば、バスケットボールの神様と言われたマイケル・ジョーダンは引退に際して、自身の仕事の意味合いを次のように語っていました。曰く、「私の仕事は、自分のプレーを見てもらうことで、米国において月曜日から金曜日まで辛い思いをしながら働いている人に対して、あなたの努力は必ず報われるのだ、というメッセージを送ることでした」。

プロバスケットボールのプレイヤーが掲げる目標には、様々な抽象度合いがあり得ます。シュートを決める。素晴らしいプレーをする。試合に勝つ。各種の記録を残す。チームを優勝に導く。エトセトラ、エトセトラ、エトセトラ。

しかし、このジョーダンのステートメントには一言もバスケットボールやチームという言葉は含まれていません。ジョーダンは「努力は報われる」という美徳の普及を、選手生活の目標としてプレーしていました。彼がもし、他のもっと具体的な目標を掲げていたら、それらが実現された段階で彼のモチベーションは低下してしまったかもしれません。

翻って、自分はこの事業の推進を通じて、いったい何を世の中に対して提供したいのだろうかということを突き詰めて考え、それを言葉にしているリーダーが現在の日本にどれほどいるのでしょうか。


（＊93）各種の統計から、日本は最も「愛社精神」の低い国のひとつであることがわかっているが、これは「Ｗｈｅｒｅ」に共感できなくても、流動性が低いために職場を変えることができないという事情を反映していると思う。

＊共感できる「Why」を示す

よいビジョンに求められる次の要件が、共感できる「Ｗｈｙ」です。

「ここではないどこか＝Ｗｈｅｒｅ」が示せたとして、わざわざ今いる「ここ」から「ここではないどこか」に移動するには、その移動を合理化し納得できる理由が必要です。なぜなら、ほとんどすべての人は、長くいればいるほど「ここ」に対して様々な愛着やノスタルジーを覚えているからです。愛着のある「ここ」を捨て、わざわざ未知の荒野に踏み出して

「ここではないどこか」を目指すには、どうしても強く共感できる「理由」が必要です。

しかし、現在の日本においてこの要件を満たすビジョンを打ち出せている企業は、筆者が知る限りほとんどありません。共感できる理由を示されないまま、組織内の権力に基づく無理強いの行軍を強いられているのが今の日本企業で働く人々の状況なのです。先述した通り、日本企業の多くは具体的な「Ｗｈｅｒｅ」の明示もできていませんから、これはつまり行き先不透明な場所へ向かって、その理由も告げられないまま、泥沼の中を無理に行軍させられているようなものなのです。

このような営みを続けると人間は徐々にニヒリズムに陥っていくことになります。人間が陥るニヒリズムについて徹底的に考え抜いた歴史上最初の人物はニーチェでした。ニーチェは、その著書『権力への意志』の中で、人間がニヒリズムに陥るのは、まさにこの「なんのために？」という問いに対して答えを持てなくなったときだと指摘しています。そして今現在、日本企業で働く多くの人が陥っているのもこのニヒリズムなのです。

　ニヒリズムとは何を意味するのか？　至高の諸価値がその価値を剥奪されるということ。目標が欠けている。『何のために？』への答えが欠けている。

（ニーチェ『権力への意志（上）』筑摩書房、Ｐ22より）

グローバル化の推進、企業価値の拡大、生産性の向上、売り上げの成長、そしてイノベーションの実現。多くの企業において「ビジョン」として掲げられているこれらの標題について、では「Ｗｈｙ＝何のために？」と問われて共感できる「回答」を提示できる組織のリーダーはどれほどいるのでしょうか？

高度経済成長からバブル期にかけては、この「何のために？」という問いに対する回答を、組織のリーダー自らが用意する必要はありませんでした。

なぜか？　社会的に共有されたコンセンサスとして「豊かになり、幸せになるために」という回答が共有されていたからです。売り上げを伸ばす、コストを下げる、辛い接待に耐える、遅くまで残業で働く、環境を汚染しても生産を優先する、家族を犠牲にしてもモーレツに働く。何のために？

なぜなら「豊かになるため」に。

なぜなら「幸せになるため」に。

日本の高度経済成長がピークを迎えつつあった１９７０年に開催された大阪万博の記録映

画を今見返してみると、幸福な未来に向けて汗を流しながらひた走っていた当時の人々を包む「時代の空気」が、むせるように映像から立ち上がってくるのを感じることができます。しかし、現代に生きるわれわれは、彼らがその後、どのような結末を迎えたかをすでに知っている。筆者はこの映像を観るたびに、まるで蜃気楼を目指して必死の歩みを続ける砂漠の隊商を俯瞰《ふかん》しているような、痛々しいほどの哀切を覚えます。われわれはすでに「経済的豊かさ」と「幸福」がまったく相関しないという哀しい真実をすでに知ってしまっている。このような時代において「豊かになること」を「Ｗｈｙ」に設定しても、その組織に属する人々をニヒリズムから解放することはできません。組織のリーダーには、経済的成長以外の目的で「Ｗｈｙ」＝「なぜこのままではいけないのか？」という「大きな理由」を提示することが求められます。

＊納得できる「Ｈｏｗ」を具体化する

よいビジョンに求められる三つ目の要件が、「どのようにしてそれを実現するのか」を示す基本方針＝「Ｈｏｗ」です。

どこに行くのか？＝「Ｗｈｅｒｅ」、なぜ行くのか？＝「Ｗｈｙ」を示すだけでは、ビジョンの実現に向けた行動は駆動されません。なぜなら、人間は実現に対して懐疑的な営みには全力を出せないからです。詳細な実行計画ではなくとも、少なくとも「こうやったらたしかにうまくいきそうだ」というパースペクティブがあって初めて、エネルギーと正しい行動が誘導されます。ところが、この点についてもほとんどの日本企業はビジョン（らしきもの）を出すだけ出して実現方法の考察は現場にお任せという状況になっています。

するとどうなるか？　先述した通り、多くの企業で打ち出されているビジョンは「過度に抽象的なもの」か「過度に定量的なもの」のどちらかですから、前者のケースであれば「結局何をすればいいのかわからない」ということで変化は起きず、後者であれば「売り上げやシェアの増分だけ余計に働けというメッセージなのね」と受け取られることになります。

この場合、特にタチが悪いのが後者の場合です。まったく共感できない定量的な乾いた目標を提示されて、実現方法は現場で考えろということになれば、その方法論は「もっと働く」以外にありません。バブル期以前であれば、「豊かになって幸せになるため」という「Ｗｈｙ」が心の崩壊を防ぐためのつっかえ棒となって発奮できたかもしれませんが、先述した通り、この棒は腐っていて役に立たないことをわれわれは知っています。このような状況でストレッチな目標を課せば、肉体的にも精神的にも疲弊して戦線離脱する人が増加するのは火を見るより明らかです。

ビジョンを実現させることが「ここではないどこか」に向かう営みである以上、必然的に組織の構成員には、量と質の両面で「今までとは違う行動」が求められることになります。ビジョンの実現には最終的に必ず何らかの行動の変化が伴うわけですが、何をどのように変えていくのかの指針がなければ、彼らは最初の一歩を踏み出すことができません。

この「最初の一歩」を踏み出すための大きな方向性を規定するのが、「Ｈｏｗ」なのです。

＊よいビジョン四つの例

これまで、よいビジョンとは共感できるものであることと、共感を形成するためには「Ｗｈｅｒｅ」「Ｗｈｙ」「Ｈｏｗ」の三要素が必要であることを説明してきました。ここでは実際に多くの人の心を捉え、行動を変え、結果的に歴史を動かすことになったプロジェクトや組織のビジョンの実例から、上記の三要素の打ち出され方について確認してみましょう。

まずは、ケネディが１９６１年に打ち出したアポロ計画を取り上げてみましょうか。アポロ計画において、ケネディは主にスピーチという形で、関係者との継続的なコミュニケーションを取っています。

Ｗｈｅｒｅ　１９６０年代に人類を月に立たせる

Ｗｈｙ　現在の人類が挑戦しうるミッションの中で最も困難なものであり、であるがゆえにこの計画の遂行は、アメリカおよび人類にとって新しい知識と発展をもたらす

Ｈｏｗ　民間／政府を問わず、領域横断的にアメリカの科学技術と頭脳を総動員して最高レベルの人材、機材、体制をととのえる

アポロ計画は、ビジョンそのものがまさに「移動」にまつわるものであるため「Ｗｈｅｒｅ」はそのまま「月」という場所で示されています。後の要素もパイオニアスピリットを刺激しつつ極めて簡潔にポイントを押さえていますね。ちなみに、アポロ計画が発表される前、ＮＡＳＡ職員の多くは、宇宙計画の縮小を覚悟していたと言われています。そのような状況下でこのスピーチを聞いたときの、彼らの驚きと興奮をぜひ想像してみてください。

歴史上、社会を動かすことになったムーブメントは、明示的か非明示的かを問わず、上記

の枠組みに沿って人を共感させる理由をはらんでいることがわかります。たとえば、中世においてたびたび実施された十字軍は、騎士や諸侯だけでなく民衆まで熱狂させましたが(＊94)、この営みのビジョンについては以下のように整理できると思います。

Ｗｈｅｒｅ　聖都エルサレムを異教徒の手から奪回する
Ｗｈｙ　われわれの神がそれを望んでおられる
Ｈｏｗ　神の免罪を与えることで、最も勇敢な騎士を集め、遠征させる

中世から近世まで、この「Ｗｈｙ＝神がそれを望んでいる」は様々な社会的なムーブメントにおいて「Ｗｈｙ」を形成するために都合よく使われていますよね。十字軍は結果的に各地でさんざっぱら極悪非道な所行を繰り返していくので、関係者が本当にこのような理想を胸に秘めていたかどうかは疑わしいのですが、少なくとも「人集め」の段階では、募る側にも参加する側にも上記のような合理化が働いていました。

さて、現代に目を転じて、この構造は同様にイノベーティブな民間企業においても観察さ

れる構造だと言えます。たとえばグーグルのビジョンを分析してみましょう。グーグルは時期やメディアによって様々なビジョンやミッションステートメントを出していますが、それらを総合してみると以下のようなメッセージになるかと思います。

Ｗｈｅｒｅ　世界中の情報を整理し、誰もがアクセスできるようにする
Ｗｈｙ　情報の格差は民主主義を危うくするものであり、根絶しなければならない
Ｈｏｗ　世界中から最高度の頭脳を持つユニークなタレントを集め、コンピュータとインターネットの力を最大限に活用する

なんとも壮大な「Ｗｈｅｒｅ」ですよね。また「Ｗｈｙ」も極めてアメリカ的な「絶対善」の概念に根ざしていてわかりやすく、「Ｈｏｗ」も具体的です。グーグルのマーケティングや採用活動は極めてユニークなことで知られていますが、このシンプルな「Ｗｈｅｒｅ」「Ｗｈｙ」「Ｈｏｗ」の三要素と個別の企業活動がちゃんと整合できているという点から、このビジョンが組織成員に共感され、浸透していることが窺われます。

次にアップルを見てみましょうか。アップルも、グーグルと同様に時期やメディアによって様々なビジョンやミッションステートメントを出しています。明示的に「これ」といった形でひとつにまとめるのは難しいのですが、筆者の好きなコメントを整理すると以下の三要素になります。

Ｗｈｅｒｅ　人類の知性にとって自転車になるような道具を、普通の人々に提供する
Ｗｈｙ　自由になるためには知性が必要である
Ｈｏｗ　テクノロジーとリベラルアートの交差点をレバレッジする

スティーブ・ジョブズが上記の「Ｗｈｅｒｅ」を打ち出したのは初代マッキントッシュの発表時でしたから（現在でもＹｏｕＴｕｂｅで動画を確認できます）、かれこれ30年が経過しているわけですが、いまだに「人を共感させる」という側面で色褪せていませんよね。なぜ色褪せていないかというと、そこには普遍的な価値観が含まれているからです。

二足歩行する人間の移動効率は、他の動物と比べてそれほど高いものではありません。しかし、この人間が自転車に乗るとその移動効率はコンドルやチーターばかりか航空機や自動

車をも凌ぐことになり、地球上で最も効率のよい移動物体になります。(＊95) あれほどシンプルで安価な、つまり誰でも手に入れることができる道具を得るだけで、人間は飛躍的に「ここではないどこか」へ移動する能力を向上させることが可能になるのです。そしてスティーブ・ジョブズは、コンピュータを人間の知性にとって「自転車」のような存在にしたいと考え、それをすべての人に提供しようと企んだわけです。しみじみと、これは本当に人を奮い立たせるような革命的な「Ｗｈｅｒｅ」だよなと思わされるのです。

（＊94）一般に、主要な十字軍の遠征は8回とされることが多いが、これらの主要な遠征以外に、個々の諸侯が手勢を引き連れて行く小規模な遠征がたびたび実施された他、庶民十字軍、少年十字軍、羊飼い十字軍などの大小の遠征がたびたび発生している（しかし大部分は聖地に辿り着けなかった）。

（＊95）SCIENTIFIC AMERICAN 日本版１９７3年5月号、Ｓ・Ｓ・ウイルソン氏の「自転車の発達とテクノロジー」の記事より。

第五章　イノベーティブな組織の作り方

人間はどんな荒唐無稽な話でも、聞いているうちに自然とこれがあたりまえと思うようにできている。そして、それがすでにしっかりと根を下ろしてしまう。だから、これを削ったり抹殺したりすると、とんでもない目にあう。

ゲーテ『若きウェルテルの悩み』

ここまで、イノベーティブな組織に共通して見られる特徴を挙げ、それらがイノベーションを駆動するメカニズムについて考察してきました。

本章では、これらの特徴を獲得し、実際にイノベーションを発生させるための、組織開発／人材開発上の「やるべきこと」と「やるべきではないこと」について述べたいと思います。

人材採用／育成／配置

＊人材採用

イノベーションの促進にあたって重要な「人材の多様性」は、採用活動によって大きく影響を受けます。したがって、イノベーションを促進しようとする組織では、人材の多様性が担保されるように気を配った採用活動が求められます。しかし、現在の日本企業の多くで慣習となっている採用プロセスの多くは、人材の多様性という点で問題をはらんでいるように思います。

採用に関連する問題としてまず指摘したいのが、多くの企業で習わしとなっている「人事部主導の新卒一括採用」です。多くの企業の新卒採用は、筆記試験や書類選考などの足切りの後、人事部の採用担当者が集中的に面接を行って内定者を決めるプロセスになっています。

しかし、このプロセスでは、似たような人ばかりが集まる危険性があります。なぜなら人間には、類似性バイアスという傾向、すなわち「自分と似たタイプの人を高く評価する」という傾向があるからです。一般に、どの企業でも人事部のスタッフは、似たようなタイプが集まる傾向がありますから、その中でも選りすぐりのチームが新卒採用を一括担当すると、「そもそも似た人が集まっている人事部のチームが、さらに似た人を採用する」ことになり、組織が煮詰められるように金太郎アメ化していく恐れがあります。

この事態を防止するには、大きく二つ方法があります。

ひとつは書類選考や筆記試験の段階で、候補者の特性が浮かび上がるような仕組みを盛りこむことです。これについては筆者の古巣・電通も非常にユニークな取り組みをやっていますが、公開するのはいささか気が引けるので、ここではグーグルの事例を紹介しておきましょう。

第四章でも少し触れましたが、グーグルはそのビジョンに「世界中から最優秀のタレントを集める」という「Ｈｏｗ」を盛りこんでいることもあり、採用にとても知恵を絞っています。中でもユニークだと思われる取り組みが「グーグルラボ適性検査＝ＧＬＡＴ」と呼ばれる21項目の筆記検査です。試験内容には、数量的能力を測るもの（問題例：20面体の各面を3色で塗り分ける方法は何通り？＝答えは５８１３万55通り）、創造性を測るもの（問題例：これまでに導かれた数学の方程式の中で、あなたがもっとも美しいと思うものは？）や、ユーモアセンスを測るもの（問題例：下の欄はあえて空欄にしてあります。さらに空虚感を増すために何か書きこんでください）が含まれています。

日本の大手企業のほとんどは筆記試験にリクルート社のＳＰＩかＳＨＬ社の玉手箱、あるいはそれに準ずるものを活用して初期選考を行っていますが、本当に自社が求める人材がこのようなテストで浮き上がってくるのかどうか、関係者はもう一度再考してみてもいいかもしれません。

金太郎アメ化を防ぐ二つ目の手段は、当然ながら面接ということになるわけですが、この点ではヴァージンの取り組みが参考になるでしょう。

ヴァージンでは、創業者でＣＥＯのリチャード・ブランソンの指示により、採用選考に用いる六つの評価項目のひとつにイノベーションに必要なスキルセットを含めています。ヴァージンに採用されるためには、「新しいアイデアへの情熱」を示し、「創造性を発揮」し、「人と違う考え方をしてきた実績」を面接試験において証明しなければならないのです。

ここまで、新卒採用の進め方について、事例も含めた考察をしてきましたが、さらに踏みこんで言えば、同じタイミングで大量の学生を採用するという世界的に見ても非常に奇異な風習も見直すべき時期に来ているのかもしれません。

新卒一括採用という仕組みは、もともと第一次大戦後の好景気時に、人手不足を解消するために大学側と企業側がタッグを組んで作りあげたシステムです。ということは、現在のような停滞経済状況下（＝人手が余っている状況下）では必然性のない仕組みだと考えることもできます。

特に日本の学生は海外の学生に比べて未成熟で育成にコストがかかります。したがって戦略的に考えれば新卒採用は全廃し、基本的には他社である程度経験を積んだ人材（つまり初期の教育投資がなされた段階）のみを採用するという戦略に切り替え、人材育成の効率化と多様性の向上を同時に図る企業が出てきてもいいのではないでしょうか。

制度や仕組みが過去の経緯や偶然によって決定され、その状態にロックされてしまう傾向のことを「経路依存性」と言います。先述したキーボードのＱＷＥＲＴＹ配列などはその典型例ですね。合理的に考えればもっといいシステムがあるにもかかわらず、過去の「成り行き」によってシステムが決定され、そこにロックされてしまう。そしてこの「経路依存性」は、経営管理という側面では人事において最も顕著に観察されます。経営管理者あるいは組織開発の責任者は、今一度、自社の人事や組織の慣習が「経路依存性」によって歪《ゆが》められていないか再考する必要があります。

*人材育成

イノベーションに関連して人材育成を議論する場合、「人材の創造性開発」に焦点が当てられがちです。もちろん、創造的に思考する能力を高めることは、組織の創造性を高める上でも重要な論点になりますが、繰り返し指摘してきたように、この点に取り組むだけで組織の創造性を高めることはできません。「個人の創造性」を「組織の創造性」に昇華させるには、個人のアイデアが組織内で流通し、別のアイデアと反応して化学反応を起こす社会的プロセスが必要となります。そして、この社会的なプロセスにこそ日本企業のボトルネックがあるというのが、本書で筆者が繰り返し訴えていることです。

このボトルネックを解消するためには、上記の創造性開発に加えて、二つの取り組みが必要になります。

ひとつ目は、組織内の若手スタッフに対して「常に自分の意見を持つ」ように求めることです。コンサルティング業界ではこれを「ポジションを取る」と表現します。これは、平たく言うと「自分はこう思う」ということを常に「口に出せ」ということです。なぜ「口に出す」ことが必要なのか？

組織全体をひとつの情報処理システムと捉えて、一人一人の構成員をプロセッサであると考えてみましょう。情報処理システムの出力は、個々のプロセッサが行う演算の総量ではなく、プロセッサ間を結ぶネットワークに流通した情報の総量に左右されることになります。「口に出す」ということはつまり、組織内のネットワークに情報を流すということですから、これはそのままシステム全体の出力上昇につながります。

一方で、個々のプロセッサでいくら高速の演算をやっても、それがネットワークに乗らなければ、出力に貢献することはありません。「常に自分の意見を持ち」、それを「口に出す」ことで初めて、その組織の持っている潜在的な情報処理能力・創造性は発揮されるということです。

二つ目の取り組みが、組織内のシニアスタッフに対して「人に意見を求める」ようにしてもらうことです。権力格差指標の大きい日本では、シニアスタッフは積極的に若手の意見を求めなければなりません。

最近よく、クライアント企業の管理職の方から「若手が指示待ちになってしまって困る」といった話を聞きます。しかし、本当にこの状況は若手だけの責任なのでしょうか？　「指示待ちを嘆く前に、では、あなた自身はどうやって若手からの意見を集めていますか？」と聞くと、多くの管理職はそれに継ぐ言葉を持っていません。

権力格差指標の大きい日本では、放っておけば必ず若手は沈黙します。本書で何度も指摘している通り、イノベーションの芽となるアイデアを持っているのは彼らですから、彼らを沈黙させることは組織にとって甚大な機会損失になりかねません。組織のシニアスタッフには、単に「話を聞く」というレベルではなく、若手スタッフが考えている「心のうち」を積極的に探索するスキルが求められます。

＊人材配置

ヘイグループおよび他の研究機関による研究結果によると、イノベーションの実現においてキーとなるコンピテンシーのスコア(＊96)は、事業ドメインをまたがった異動経験の回数と正の相関関係があることを示しています。

一方、これは統計的な事実があるわけではなく、あくまでも筆者の個人的な印象なのですが、現在の大手日本企業では事業ドメインをまたがった異動は少なくなる傾向にあるようです。おそらく、カンパニー制の導入と、スペシャリスト育成ニーズの高まりがその原因になっているのでしょう。

本書では、「多様なバックグラウンドを持つ人材が集まることでイノベーティブなアイデアが生まれる」とたびたび指摘してきました。この「多様性こそがイノベーションの源泉になる」という命題を是とするのであれば、採用の主軸を新卒一括採用に依存し、多くの人材が数十年にわたって同じ領域でキャリアを積み重ねるような組織から、時代を画するイノベーションが生まれることは期待できません。つまり、今現在の大手日本企業で進行している「キャリアの単線化」は、イノベーションの促進という側面では大きなマイナス材料になるということです。

もともと、日本という国には、奇妙なほどに「一意専心」とか「この道一筋」といった考え方を尊ぶ風潮がありますよね。闇雲にアメリカの習わしを賞賛する傾向はどうかと思いますが、たとえばアメリカでは冬期と夏期で取り組むスポーツを変えるのが当たり前で、アメリカンフットボールと野球の両方でドラフト指名を受ける選手も珍しくありません。ところが日本ではそういう選手はほとんどいませんし、少数存在する「ダブルメジャー」は、どちらかというと「腰の据わらないヤツ」といったニュアンスでネガティブに言及されることが多いように思います。

日本には「一所懸命」という言葉があります。これまでは一般に非常に好ましい評価として用いられてきた言葉でしたが、環境変化がめまぐるしい現代において一所に留まって頑張り続けるのは極めてリスクの高い行為になりつつあります。つまり、現在の日本企業の置かれている状況を考えると、「一所懸命」という考え方は、イノベーションの促進を目指す個人にとっても組織にとってもマイナスの影響が大きくなっているのです。

この考え方に対しては、スペシャリスト育成という観点から、以下のような反論があるかもしれません。つまり、「最近は多くの業務で高度な専門性が求められるようになってきており、育成には相当量の時間が求められる。必然的に一所懸命にならざるを得ないのだ」という言い分です。しかし、筆者はこの言い分に対して極めて懐疑的です。なぜなら、ここ20年のイノベーションを見渡す限り、その多くが「非専門家」によってなされているからです。

たとえば、2013年現在、携帯電話端末の販売シェア1位はアップルのiPhoneとなっていますが、10年前まで彼らは携帯電話端末の開発の「素人」だったはずです。

一方、多くの日本企業において長らく携帯電話端末の開発を行ってきた「高度専門家」は、どうしてiPhoneを作れなかったのでしょうか？　ここまで本書をお読みいただいた読者の皆さんにはもうおわかりでしょう。そう、その理由は彼らがまさに「高度専門家」だったからではないのか？　というのが本書のスタンスです。

たしかに、一部の業務においては高度な専門性（例：油田探査エンジニア、知的財産を扱う法務担当者）が求められることは筆者も認めますが、そういった業務は極めて例外的ではないでしょうか。組織開発／人材開発の担当者は、いたずらな「スペシャリスト育成幻想」に振り回されることなく、戦略的にダイナミックな配置換えを行い、組織成員の「バックグラウンドの多様性」を高めることが求められます。

組織成員のバックグラウンドの多様化を促す際、カギとなるのは「経験をデザインする」という考え方です。

キャリアのどの段階で、どのような経験をさせるか、その経験からどのような学習をさせるかをデザインするという発想が求められるのですが、日本企業の人材育成は成り行きで職務経験が積み重なっていくという傾向が顕著で、「デザインする」という発想に欠けています。

たとえば、P&Gでは文化圏と経済水準の異なる国での業務経験を持たない限り経営幹部になれないという不文律があります。どのタイミングで、どの国の、どんな事業に異動させ、どのような「経験」をしてもらうのか。長期的アジェンダをもって人材育成に取り組んでいます。同様の取り組みが日本企業にも求められるのではないでしょうか。

人材配置についてもうひとつ指摘しておきたいのが「適性」と「仕事のマッチング」です。

こう書くと、「何を今さら」と思われるかもしれませんが、筆者が知る限り多くの企業はこの点についてまだまだ課題を抱えているように思います。本書の第二章では、アムンセンとスコットを取り上げて「動機」と「職務」のフィットが大事であると指摘しました。多くの日本企業は、その仕事が「攻め」であれ「守り」であれ、重要性の高い仕事には優秀な人をアサインするという非常にリニアな考え方で人材配置を行っています。しかし、既存ビジネス＝「守り」に求められる人材特性が、必ずしも新規事業＝「攻め」において求められるそれと一致しないということが明らかになっている以上、これはとても危険な考え方です。どういうタイプの仕事にやりがいを感じるかという「動機の違い」、あるいはどういう状況下（「攻め」か「守り」か）で成果を出すタイプなのかという「コンピテンシーの違い」に応じて、任せる仕事を最適に配分することが求められます。

現在、多くの日本企業は、成熟化した国内市場と伸長著しい海外新興市場という、極端に性格の異なる二つの市場で戦うことを求められているので、人材配置の巧拙によって企業全体のパフォーマンスが左右されかねません。経営管理／組織開発の責任者は、これまで以上に慎重になって「適性」と「仕事のマッチング」に心を砕くことが求められます。

（＊96）一般に、イノベーションを実現する人材は共通して「概念的思考力」「情報志向性」「顧客志向性」といったコンピテンシー項目で高いスコアをマークする傾向があるが、これらのコンピテンシーのスコアと、事業ドメインをまたがった異動経験の回数には正の相関があることがわかっている。

評価／報酬システム

＊評価システム

イノベーションの実現という文脈で人事評価制度を検討した場合、まず真っ先に指摘しなければいけないのが「目標管理制度＝ＭＢＯ」の限界です。現在、ＭＢＯは多くの企業で採用されており、評価制度のデファクトスタンダードになった感があります。しかし、この評価手法は漸進的な改善活動の成果を測定するには適用できますが、「イノベーションの実現」のように不確実性を高度にはらんだ営みの測定には適用できません。

なぜならば、イノベーションは予定調和しないからです。

イノベーションは決められた手順通りではなく、行きつ戻りつしながら、本能的な予感に導かれる形で結果的に実現するものであることは、本書において指摘してきた通りです。このようなイノベーションの成立プロセスに対して、目標を事前に数値設定し、それを事後に評価するという目標管理制度の仕組みは極めて不整合で、むしろ弊害のほうが大きいと思われます。なぜなら、組織の構成員すべてが、目標管理制度の枠組みで設定できる定量的な目標を設定し、その達成度合いによって評価されることになれば、イノベーションのような不確実性の高い営みにコミットする人材がいなくなってしまうからです。

ではどうするか？　いくつかのアプローチが考えられますが、ひとつの方法として業務内容に応じて評価システムを切り分けるという考え方があります。漸進的な改善業務については目標管理制度を適用する一方、イノベーションの実現というラジカルな業務については他の評価基準、たとえば複数年の時間軸を用いて成果設定をしたり、あるいはプロセスではなく能力をベースにして評価するといった制度を適用する考え方です。極端な話、イノベーションの実現を担う人材については、活動の結果がはっきり出るまでの間、評価を保留するという考え方もあるかもしれません。

人事考課には膨大な組織体力が消耗されます。イノベーションの実現といった極めて評価しにくい活動について、やらずもがなの「評価のための評価」に体力を奪われるくらいであれば、結果がはっきりするまでは評価を保留するというのも現実的な考え方としてはあり得るのではないでしょうか。

第三章で紹介した大河内賞の事例研究では、ほぼすべてのイノベーションが、複数年にわたる地道な取り組みの結果として実現しており、そのプロセスは「行きつ戻りつ」で極めて非予定調和的でした。このようなイノベーションの実現プロセスを、ＭＢＯのような評価制度で判断するのは無理のある考え方です。企業の経営管理者、組織開発の責任者は、ＭＢＯがはらむこのような限界についてよく理解したうえで、フレキシブルに対応することが求められます。

＊報酬システム

予告された報酬が人間の創造性をかえって低下させることは既に本書の中で指摘しました。

それでは、イノベーターと呼ばれる人々は何をニンジンにして自らをドライブしているのでしょうか？　それは結局のところ「仕事の面白さ」ということになるようです。今回、アップル社をはじめとして、筆者のインタビューに回答をいただいたイノベーターの相当数は、粉骨砕身して仕事に没頭する理由について「仕事そのものが面白くて楽しいからだ」と答えています。彼らの多くは、達成そのものや世の中へのインパクト、社会的な意味といった「非経済的報酬」によってドライブされているわけで、つまりは「仕事そのもの」が報酬になっているとしか言いようがありません。

以上の点を踏まえれば、イノベーティブな人材を集め、彼らを動機付けするためには、インセンティブやボーナスなどの報酬システムに工夫を重ねるよりも、挑戦的でやりがいのあるビジョンを与え、思いきりその実現を追求できる環境を与えてやることが重要だということになります。

意思決定プロセス

＊撤退基準

多くの企業では、新規事業の開始／撤退について何らかの定量的な基準を設けています。開始については市場テストの結果や予測される正味現在価値といった指標が、撤退については収益化あるいは累積損失解消の時期や市場ポジションといった指標が設定されています。しかし、このような杓子定規な基準をもとに機械的に事業の開始／撤退の意思決定を行っていると、いずれは芽吹いたかもしれないイノベーションを摘んでしまうことになる恐れがあります。イノベーションがもたらす社会的なインパクトの大きさと、それが浸透するのにかかる時間はむしろ逆相関関係にあるという指摘を思い出してください。

ではこういったルールを撤廃するべきなのか？

そうではありません。こういったルールはスジの悪い事業からの撤退を先延ばしにして、ズルズルと組織の体力を奪ってしまうことを防ぐためには絶対に必要なものです。つまるところ、組織のリーダーは、こういった杓子定規なルールを設定したうえでなお、最終的には「イノベーションの開花」に関する直観に基づいて「継続」あるいは「撤退」の意思決定を行うことが求められます。

＊コンセンサス

イノベーションに関する意思決定でコンセンサスを形成しようとすると非常に長い時間がかかります。一方、その形成に必要な時間は、イノベーションの価値に気づいていない競合他社に対して「気づき」を与えることにもなります。

アップルがｉＰｏｄで市場を席巻し始めたころ、多くの企業から「あの程度のモノはウチでも作れた」という負け犬の遠吠えが聞かれました。おそらく、技術的にはその通りだったのでしょう。しかし彼らは結局ｉＰｏｄを世に出すことができませんでした。

なぜか？　いくつかの理由が指摘されていますが、決定的だったのは、音楽配信のあり方についてコンセンサスを得られず、いつまで経っても決断できなかったという点です。

アメリカ・ソニーとタッグを組んで音楽配信ビジネスの構築を進めていたユニバーサルのジミー・イオヴァインは、筆者のインタビューに対してこのように答えています。

「とにかく、ソニーというのは『決められない会社』だと感じていました。部門同士で意見を戦わせるばかりでまったく前に進まないのです。二年間、ほとんど議論が平行線のままだったのでソニーと縁を切り、アップルと組むことにしたのです」

フラッシュメモリ型音楽プレイヤー市場での日本企業の惨敗に関しては数多くの書籍や記事がありますが、共通しているのは、過度にコンセンサスを重視したために組織内での足並みを揃えることができなかったという指摘です。イノベーションを促進しようと考えるのであれば、過度にコンセンサスを重視する従来の日本型の意思決定システムから脱却し、リーダーがトップダウンで意思決定する必要があります。

過度にコンセンサスを重視する日本型経営から脱却するためには、まずはリーダーシップの回復というのが足元の解になりますが、中期的には新しい意思決定のあり方が問われることになるでしょう。

＊新しい意思決定モデル

ひとつの方向性は、集合知を経営の意思決定に活用していくという考え方です。すでに第三章でも触れていますが、商品やサービスの仕様決定やビジネスモデルの選定といった事項は、特に集合知を活用しやすい領域です。もしかしたら近い将来には集合知による意思決定モデルを導入する企業が出てくるかもしれません。

もうひとつの方向性は、意思決定権を思いっきり現場に振ってしまうというものです。現在、ほとんどの企業では、組織階層が上がるほどに意思決定権も大きくなるというシステムを採用しています。しかし、このシステムは現在のような環境変化が大きく、シニア層の知識が不良資産化しつつある状況下でも本当に有効なのでしょうか？

以前のように、経営環境の変化が比較的ゆるやかで、10年前、20年前の業務知識が十分に活用可能であれば、シニア層の知識や経験は大きな武器になったことでしょう。先述した組織論の枠組みに則って、管理職というのは例外的案件を処理するために存在していると考えれば、たしかに長く勤めた人ほどその引き出しを多く持つことになります。したがって、そういう人が大きな意思決定権限を持つのは合理的だったでしょう。

しかし、現状をあらためて考えてみれば、多くの業界では業務モデルどころかビジネスモデルそのものが10年前とは一変しており、そのダイナミックな変化は現在進行中です。このような状況下で、現場の皮膚感覚を持たない上級管理職にリスクの高い案件の意思決定を委ねるのは本当に合理的なのでしょうか？　経営管理や組織開発の責任を担う立場にある人は、あらためてこの論点について考える必要があると思います。

*ノイズ

イノベーションの促進というテーマに関連して、顧客企業の意思決定プロセスの分析を行うと、余計な「ノイズ」が大きな悪影響を与えていることがよくあります。

ここでいうノイズとは、直接の関係者ではない部署や人物からの「余計なアドバイス」のことです。一般的な組織構造では役職者のポジションは階層が上がれば上がるほど少なくなりますが、日本企業のほとんどは終身雇用制度を採用していて人材を退出させません。そのため、必然的に多くの企業では「ヒマでヒマでどうしようもない」という「名ばかり管理職」を数多く抱えることになります。多くの企業において、この「名ばかり管理職」が「ノイズ」の元凶になっています。この人たちは、外に出てパチンコでもしてくれればまだいいのですが、ヒマにかまけて若手に余計なアドバイスをしようとする傾向にあるのです。

傍から見れば、「成果を出せなかった名ばかり管理職のスジの悪いアドバイスなんて無視すればいい」と思うわけですが、ここで問題になるのが、先述した日本企業の権力格差指標の高さです。多くの若手は「言われた以上は何か対応しなければ」と考えて対応策を考えることになり、結果的に「名ばかり管理職の意見がテンコ盛りにされた、意味不明な新商品」が生み出されることになります。

権力格差指標の高い日本では、何らかのアドバイスや苦言を受けた開発チームは必ずそのアドバイスや苦言に対応しようとします。これはいい悪いの問題ではなく、そういう性癖を持っているということです。経営管理や組織開発の責任者には、その性癖を念頭においた開発／意思決定プロセスのデザインが求められます。

*多様性の尊重

イノベーションの促進にあたっては、多様性が重要なポイントになることは本書で繰り返し指摘してきました。したがって、イノベーションを追求しようとする組織では、多様な意見が歓迎される風土を醸成することが求められます。これは、人と異なるということ、ユニークであるということをポジティブに評価する組織風土を作るということです。では、どのようにして多様性が称揚される組織風土を作りあげるのでしょうか？

組織風土とは、結局のところ、経験的に学習された行動・意思決定のパターンの集積です。したがって、多様性が尊重される組織風土に転換するためには、人と異なること、そして「ああ、ユニークであることによって何らかのポジティブなフィードバックが行われること、こうすると得になるんだ」という強化学習、いわゆる「オペラント条件付け」が行われる必要があります。

これを組織開発の仕組みに落とし込む場合、よくあるのは自社において求められる思考様式・行動様式を「ウェイ」（その会社における価値観、あるいは推奨される行動や考え方を簡潔に明文化したもの。有名なものとしてはジョンソン&ジョンソン社の「我がクレド」がある）という形に落としこみ、この「ウェイ」に沿った行動を報奨し、沿わない行動についてはペナルティを与えるといった取り組みが考えられます。

リーダーシップ

*聞き耳のリーダーシップ

本書で指摘したように、革命的なアイデアを出す人物の条件のひとつに、その組織に加わって日が浅いこと、あるいはとても若いことがあります。そしてまた、権力格差指標の大きい日本では、こういった「新参者」あるいは「新米」は、最も声を上げにくい人々、あるいは声を圧殺されやすい人々であることも指摘しました。

これを踏まえて、組織のリーダーは、ともすれば権力格差にふたをされ埋没しかねない彼らの「声」を積極的に取りにいくこと、すなわち「聞き耳のリーダーシップ」を発揮することが求められます。

*サーバント・リーダーシップ

現場で培った業務知識やスキルが、あっという間に陳腐化してしまう現在では、リーダーにはこれまでと異なる側面が求められるようになってくるでしょう。それは、自分が引っ張るのではなく、部下が前に進むのを後ろからバックアップする、いわゆる「サーバント・リーダーシップ」と言われるリーダーシップスタイルです。

環境変化の激しい世界では、たしかに業務知識やスキルはあっという間に陳腐化してしまうかもしれません。しかし一方、社内外に培ったネットワークや業務以外の広範な知識／知見、リスクに関する直観的な嗅覚といった能力や資産は、環境が変化し続ける現在においても十分に活かすことができるものです。そしてこのような能力や資産こそが、今後リーダーが現場に対して提供できる貴重な支援材料になるはずです。これからのリーダーには、この「イニシアチブは現場に任せながら、必要に応じてバックアップする」という「サーバント・リーダーシップ」が求められます。

*ビジョンの提示

リーダーシップとビジョンという観点について、最後に一点だけ注意を促しておきたいと思います。

それは、ビジョンを提示するのは、経営トップだけの仕事ではないということです。ビジョンについてクライアントと議論したとき、往々にして「上の人間がビジョンを示さないのが悪い」という他者攻撃の言葉を伺うことがあります。しかし、では本人自身が何らかのビジョン、つまり上記の枠組みに沿った形で、メンバーに対して「Ｗｈｅｒｅ」「Ｗｈｙ」「Ｈｏｗ」を示しているかと問うと、「それはできていないし、そもそも自分の責任ではない」とお答えになるケースが多いのです。

しかし「上の人間がビジョンを示さないのが悪い」と言っている限り、その組織に人を鼓舞するビジョンが生まれることはありません。繰り返しますが、リーダーシップの本質は役職や権限とはまったく関係がないのです。上の人間が大きなビジョンを提示できなかったとしても、チームを率いる人物は、その立場に応じた形でビジョンを提示することが求められます。

ひとつひとつの会社組織は、何らかの形で世界に存在する問題解決のために存在しているはずです。これはつまり、世界をよりよい場所にするための全体計画が仮にあったと想定すれば、会社組織というのはその一部を担うためのサブシステムとして機能することが求められているということです。このサブシステムに求められる機能を「Ｗｈｅｒｅ」「Ｗｈｙ」「Ｈｏｗ」の形で明文化したものが、ビジョンということになります。そして、会社組織に存在する個別の部門やチームは、このサブシステムとしての機能を果たすためのサブ・サブシステムということになります。

今ここで、企業内のサブ・サブシステムとしてチームや部門を率いる立場にある人が、そこでビジョンを打ち出せないのであれば、大きな組織を率いる立場になってもビジョンを打ち出すことはできないでしょう。ビジョンの提示は、企業トップのみならず、フォロワーを牽引する立場にあるすべての組織内リーダーに求められるものなのです。

おわりに

ここまでお読みいただいた読者の皆さんはもう気づいていらっしゃると思うので、ここで種明かしをしてしまいましょう。そう、この本は題名に「イノベーション」を謳ってはいるものの、扱っている問題の本質は「組織論」であり、突き詰めて言えば「リーダーシップ論」です。そして本書の冒頭に記した通り、筆者は、日本におけるイノベーション停滞の本質的な要因はその二つにあると考えています。イノベーションを実現するカギになるのは、組織とリーダーシップであって、極論すればこの二大要素を適切な状態に持っていけば、イノベーションは自然発生するとも考えています。

ここでひとつ興味深い事実を共有しておきましょう。それは、フォーチュン社の調査結果を見る限り、「最もイノベーティブな企業」のランキングが上がれば上がるほど、イノベーションを経営課題として掲げている企業が少なくなるという事実です。逆に、ランキングが下になるほど、イノベーションを優先度の高い経営課題にしている企業が増えてくる。

この一見すると矛盾するような事実は、「イノベーティブな組織」を実現するためのレバレッジがどこにあるのかについて大きな示唆を与えてくれます。平たく言えば、イノベーションとは「イノベーションそのものを起こせと命令して起こせるものではない」ということです。だから「イノベーションが大切だ！」と騒いでいる会社ほど、実際には「イノベーティブではない」という結果になる。イノベーションを実現したいのであれば、目を向けるべきなのは、まず自分たちの組織であり、さらに言えば自分のリーダーシップであるべきなのに、彼らはレバレッジのポイントを完全に見誤っているのです。

イノベーションはビジネスの世界に咲く大輪の花のようなものです。

人間は、花それ自体を創造することはできません。人ができるのは、花が健全に芽吹き、育つように適切な土壌、太陽、水、風通しを整備してあげることしかありません。

そしてこれは、企業におけるイノベーションについても同様です。まず組織とリーダーシップのあり様に目を向け、苗床となる土壌を整備してあげること。それができて初めてイノベーションの種子は健全に芽吹くようになるのです。これが、本書を通じて読者の皆さんに筆者が伝えたいメッセージのエッセンスです。

最後に、ひとつクイズを出してこの本を締めくくることにしましょう。

読者の皆さんは「イノベーションの意味は?」という問いに、どのようにお答えになりますか?

多くの方は「革新」や「非連続的」といった概念を用いながら、「何か新しいものを生み出す」といったニュアンスの回答をされるのではないでしょうか? つまり「主体」と「客体」という構図で考えた場合、「客体を新たにする」という回答です。

しかし、イノベーションという言葉は、本来的に異なる意味を持っているのです。

イノベーションという英語の語源になったのはラテン語の動詞「ｉｎｎｏｖａｒｅ＝新しくする」ですが、この言葉は「ｉｎ＝内部へ」という方向を示す接頭辞と「ｎｏｖａｒｅ＝新しくする」という動詞の結合で生まれた合成語です。つまりイノベーションという言葉は、もともと客体ではなく主体、つまり「自分を新たにする」という意味を持っていたのです。(＊97)

イノベーションという言葉が、そもそも「自らを新たにする」という意味を持っていたということは、われわれにいろいろなイメージを喚起してくれます。

昨今、イノベーションに関連する書籍・記事は世の中に溢れ返っています。筆者自身も本書を書くにあたって相当量の書籍や記事に目を通しましたが、そのほとんどは、対象は何であれ「何かを新しくする」という発想のもとに書かれていました。しかし、本来イノベーションの意味とは、まず「自らを新しくする」ことなのです。

本書において、筆者は様々な側面から、イノベーティブな組織に観察される特徴と、その特徴を獲得するための方策について述べてきました。もし、あなた自身がイノベーションの実現を求めるのであれば、本書に述べられた考察を材料にしながら、まずは自らがどう変わるかを考えてみてください。その結果として、一人一人が変わり、組織が変わり、結果として大きく社会が変わるのであれば、筆者にとって、これ以上幸せなことはありません。

（＊97）ちなみに、このクイズは酒井穣氏から教えていただいたネタの受け売りである。この場を借りて謝意を表したい。

推薦図書

最後にこんなことを書くのもなんですが、本書の中身の8割は、書籍や記事という形ですでに公になったコンテンツをベースにしています。筆者が行ったのは美術の世界で言うキュレーションに過ぎません。すなわち日々のコンサルティング実務で得られたデータや実感に基づき、それらのコンテンツを「イノベーティブな組織を作るために何をしたらいいのか？」という論点に沿って再編集したというだけです。

つまりは、本書で展開された様々な論旨には、ほぼネタ元があるということです。

それをさも自分オリジナルの論考のようにシレッと世の中に出すのは気が引けますし、何よりもこの書籍は、読者の一人一人に対してより深く「自分と組織のイノベーション」について考えてもらうことを目的にしているということで、そのネタ元になった書籍を「推薦図書」としてここに付記します。

本書を読んで、さらに考察を深めたいと思われた方は、ご一読いただき、「自分を新たにする」一助としてもらえればと思います。

エベレット・ロジャーズ／三藤利雄『イノベーションの普及』翔泳社、2007年

本書第三章では、壊血病対策やドボラックキーボードを例に挙げ、イノベーションがもたらす効果の大きさと普及スピードにはほとんど相関がない、という指摘をしましたが、その論考のベースになったのが当書籍です。その他にも様々な事例を取り上げて、なぜ優れたイノベーションが普及しないのか、普及のためのカギになるのはどのような要素なのかについて、極めて精緻な論考を積み重ねています。ただし、ほとんど学術論文なのでかなり読み応えはありますが……。

クレイトン・クリステンセン他／櫻井祐子『イノベーションのDNA』翔泳社、2012年

本書とは少し異なる角度で、イノベーションが起きやすい組織についての実証研究を行い、見出された特徴についてまとめている書籍です。大変よくまとまっていて、個別の指摘も非常に腹落ち感のあるものになっています。また、個別企業の具体例がたくさん記載されているので実践例の参考書としても有益でしょう。

クレイトン・クリステンセン他／櫻井祐子『イノベーションの解』翔泳社、2003年

イノベーションを起こす組織や人材をいかに開発するかという論点について書かれています。本書第五章における「人材の最適配置」に関する考察に、当書籍で展開されている主張を一部援用しています。

澤岡昭『衝撃のスペースシャトル事故調査報告』中央労働災害防止協会、2004年

本書でかなり詳細に説明したスペースシャトルの事故とＮＡＳＡの組織体質に関する部分のソー

スになった書籍です。

ジェア・ブロフィ／中谷素之『やる気をひきだす教師　学習動機づけの心理学』金子書房、2011年

本書第二章において、報酬はむしろ創造性を破壊するという指摘を行いましたが、そのソースになったのがこの書籍です。報酬と学習の関係については膨大な数の書籍がありますが、この本は比較的初心者にも取っつきやすく、また翻訳も非常にこなれているのでお薦めです。ただしこの本、もともとが学校の先生向けに書かれた本なので、経営管理／組織開発という側面から見ると、有用なコンテンツばかりでもないということはここに注記しておきます。

スコット・バークン／村上雅章『イノベーションの神話』オライリー・ジャパン、2007年

一般に信じられているイノベーションに関する定説を「神話」だとして、10のアンチテーゼを唱えている書籍です。たとえば「イノベーションは一人の天才が起こす」といった定説に対しては、過去の歴史を見る限りイノベーションは多くの場合複数の人物のコラボレーションによって生まれている、と反論しています。本書第三章においてライト兄弟の事例を用いながら考察した「イノベーションと予定調和」の問題は、当書籍による考察をベースにしています。

武石彰他『イノベーションの理由』有斐閣、2012年

一橋大学イノベーション研究センターによる大河内賞受賞事例に関する研究結果をまとめたものです。具体的には、25の大河内賞受賞事例を取り上げ、それらのイノベーションがどのようなプロセスを経て実現したかについて詳細な分析を行い、イノベーション実現のプロセスは極めて非予定調和なケースがほとんどであることを指摘しています。極めて厳密で丁寧なアプローチで考察を積み重ねており、非常に説得力のある内容になっていると思います。本書第三章で扱った「イノベーションと予定調和」に関する考察は当書籍の論考をベースにしています。

フランス・ヨハンソン／幾島幸子『メディチ・インパクト』ランダムハウス講談社、2005年

本書第二章で取り扱った「多様性」に関する考察について、大きなインスピレーションを与えてくれたのがこの書籍です。具体的には、たとえばダーウィンによる進化論仮説やルイ・アルバレスによる恐竜絶滅の原因仮説のエピソードは、この本がソースになっています。本書では分量の関係から「多様性が創造性にもたらす影響」に関する事例は、上記の二つに留めましたが、この本にはその他にも数多くの事例が紹介されているので、「多様性が創造性にもたらす影響」についてさらに知りたければ、この書籍を手にしてみるといいと思います。その他にも、たとえば創造性と報酬の関係や、学習、リスク性向など、幅広い論点に触れており、イノベーションについて様々な洞察を与えてくれます。一方で、「ではどうすればいいのか」という点についてはほとんど記述がありませんので、実務面でのヒントを期待している人には若干物足りないかもしれません。

ヘールト・ホフステード／岩井紀子・岩井八郎『多文化世界　違いを学び共存への道を探る』有斐閣、１９９５年

本書において大きく取り上げた「権力格差指標」はこの書籍において詳細に解説されています。この書籍では「権力格差」以外の三つの次元についても詳細に解説されており、そのどれもが経営管理あるいは組織開発について深い洞察を与えてくれますので一読をおすすめします。

マイケル・A・ロベルト／スカイライトコンサルティング『決断の本質　プロセス志向の意思決定マネジメント』英治出版、２００６年

「クオリティの高い意思決定はどのようにすれば可能になるのか？」という論点は、本書に通底している「裏テーマ」だと言えますが、この論点について多くの刺激を与えてくれたのがこの書籍です。必ずしもイノベーションに関連した書籍ではないのですが、組織における意思決定の問題を考察するのであれば、大いに参考になると思います。

山口周（やまぐちしゅう）
1970年東京都生まれ。慶應義塾大学文学部哲学科卒業、同大学院文学研究科美学美術史学専攻修士課程修了。電通、ボストン・コンサルティング・グループ、A.T.カーニー等を経て2011年よりに組織開発を専門とするヘイグループに参画。専門はイノベーション、組織開発、人材／リーダーシップ育成、キャリア開発。著書に『グーグルに勝つ広告モデル　マスメディアは必要か』『天職は寝て待て　新しい転職・就活・キャリア論』（以上、光文社新書）、『外資系コンサルのスライド作成術　図解表現23のテクニック』（東洋経済新報社）など。

世界《せかい》で最《もっと》もイノベーティブな組織《そしき》の作《つく》り方《かた》

2013年10月20日初版1刷発行
2022年4月5日　4刷発行

著　者 ── 山口周
発行者 ── 田邉浩司
装　幀 ── アラン・チャン
印刷所 ── 堀内印刷
製本所 ── 国宝社
発行所 ── 株式会社光文社
東京都文京区音羽1-16-6(〒112-8011)
https://www.kobunsha.com/
電　話 ── 編集部03(5395)8289 書籍販売部03(5395)8116
業務部03(5395)8125
メール ── sinsyo@kobunsha.com

 ISBN 978-4-334-03768-0

662
私の教え子ベストナイン
野村克也

辛口ノムさんが監督を務めた南海、ヤクルト、阪神、楽天のチームメイトからベストナインを選出！　おなじみの野村節と弟子たちの生き様から人生哲学も学べる濃厚な一冊。

978-4-334-03765-9

663
炭水化物が人類を滅ぼす
糖質制限からみた生命の科学
夏井睦

傷の湿潤療法の創始者で、糖質制限ブームの陰の火付け役でもあるDr.夏井の待望の書！　実験屋魂を刺激された糖質制限を足がかりに文明発祥や哺乳類誕生の秘密にまで大胆に迫る。

978-4-334-03766-6

664
〈オールカラー版〉日本画を描く悦び
千住博

ヴェネツィア・ビエンナーレで東洋人初の名誉賞を受賞した著者が、母の影響から人生を変えた岩絵の具との出会い、日本画の持つ底力まで、思いのすべてを描き尽くした一冊。

978-4-334-03767-3

665
世界で最もイノベーティブな組織の作り方
山口周

イノベーションを生み出すための組織とリーダーシップのあり方とは？　組織開発が専門のヘイグループに所属する著者が、豊富な事例やデータをまじえながらわかりやすく解説！

978-4-334-03768-0

666
迷惑行為はなぜなくならないのか？
「迷惑学」から見た日本社会
北折充隆

USJ大学生&飲食店バイトのツイッター問題、歩きスマホ、電車の座席での大股開き――とかく今の日本は迷惑行為だらけ。「迷惑学」の観点から、この現象を徹底的に考えてみた。

978-4-334-03769-7